TRANZLATY

El idioma es para todos

Taal is vir almal

El llamado de lo salvaje

Die Roep van die Wilde

Jack London

Español / Afrikaans

Copyright © 2025 Tranzlaty
All rights reserved
Published by Tranzlaty
ISBN: 978-1-80572-861-0
Original text by Jack London
The Call of the Wild
First published in 1903
www.tranzlaty.com

Hacia lo primitivo
In die Primitiewe

Buck no leía los periódicos.
Buck het nie die koerante gelees nie.
Si hubiera leído los periódicos habría sabido que se avecinaban problemas.
As hy die koerante gelees het, sou hy geweet het dat moeilikheid aan die broei was.
Hubo problemas, no sólo para él sino para todos los perros de la marea.
Daar was moeilikheid nie net vir homself nie, maar vir elke getywaterhond.
Todo perro con músculos fuertes y pelo largo y cálido iba a estar en problemas.
Elke hond met sterk spiere en warm, lang hare sou in die moeilikheid wees.
Desde Puget Bay hasta San Diego ningún perro podía escapar de lo que se avecinaba.
Van Pugetbaai tot San Diego kon geen hond ontsnap aan wat sou kom nie.
Los hombres, a tientas en la oscuridad del Ártico, encontraron un metal amarillo.
Mans, wat in die Arktiese donkerte getas het, het 'n geel metaal gevind.
Las compañías navieras y de transporte iban en busca del descubrimiento.
Stoomskip- en vervoermaatskappye het die ontdekking nagejaag.
Miles de hombres se precipitaron hacia el norte.
Duisende mans het die Noordland binnegestorm.
Estos hombres querían perros, y los perros que querían eran perros pesados.
Hierdie mans wou honde hê, en die honde wat hulle wou hê, was swaar honde.
Perros con músculos fuertes para trabajar.
Honde met sterk spiere waarmee hulle kan swoeg.

Perros con abrigos peludos para protegerlos de las heladas.
Honde met harige pelse om hulle teen die ryp te beskerm.

Buck vivía en una casa grande en el soleado valle de Santa Clara.
Buck het in 'n groot huis in die sonnige Santa Clara-vallei gewoon.
El lugar del juez Miller, se llamaba su casa.
Regter Miller se plek, sy huis is genoem.
Su casa estaba apartada de la carretera, medio oculta entre los árboles.
Sy huis het van die pad af gestaan, half versteek tussen die bome.
Se podían ver destellos de la amplia terraza que rodeaba la casa.
'n Mens kon glimpse van die wye stoep om die huis kry.
Se accedía a la casa mediante caminos de grava.
Die huis is via gruisopritte bereik.
Los caminos serpenteaban a través de amplios prados.
Die paadjies het deur wyd uitgestrekte grasperke kronkel.
Allá arriba se veían las ramas entrelazadas de altos álamos.
Bo-oor was die ineengevlegte takke van hoë populiere.
En la parte trasera de la casa las cosas eran aún más espaciosas.
Aan die agterkant van die huis was dinge selfs ruimer.
Había grandes establos, donde una docena de mozos de cuadra charlaban.
Daar was groot stalle, waar 'n dosyn bruidegomme gesels het
Había hileras de casas de servicio cubiertas de enredaderas.
Daar was rye bediendehuise met wingerdstokke
Y había una interminable y ordenada serie de letrinas.
En daar was 'n eindelose en ordelike reeks buitegeboue
Largos parrales, verdes pastos, huertos y campos de bayas.
Lang druiweprieëls, groen weivelde, boorde en bessieplante.
Luego estaba la planta de bombeo del pozo artesiano.
Toe was daar die pompaanleg vir die artesiese put.
Y allí estaba el gran tanque de cemento lleno de agua.

En daar was die groot sementtenk gevul met water.
Aquí los muchachos del juez Miller dieron su chapuzón matutino.
Hier het Regter Miller se seuns hul oggendduik geneem.
Y allí también se refrescaron en la calurosa tarde.
En hulle het ook daar in die warm middag afgekoel.
Y sobre este gran dominio, Buck era quien lo gobernaba todo.
En oor hierdie groot domein, was Buck die een wat dit alles regeer het.
Buck nació en esta tierra y vivió aquí todos sus cuatro años.
Buck is op hierdie grond gebore en het al sy vier jaar hier gewoon.
Efectivamente había otros perros, pero realmente no importaban.
Daar was wel ander honde, maar hulle het nie regtig saak gemaak nie.
En un lugar tan vasto como éste se esperaban otros perros.
Ander honde is verwag in 'n plek so groot soos hierdie een.
Estos perros iban y venían, o vivían dentro de las concurridas perreras.
Hierdie honde het gekom en gegaan, of binne die besige hondehokke gewoon.
Algunos perros vivían escondidos en la casa, como Toots e Ysabel.
Party honde het versteek in die huis gewoon, soos Toots en Ysabel.
Toots era un pug japonés, Ysabel una perra mexicana sin pelo.
Toots was 'n Japannese mopshond, Ysabel 'n Meksikaanse haarlose hond.
Estas extrañas criaturas rara vez salían de la casa.
Hierdie vreemde wesens het selde buite die huis gestap.
No tocaron el suelo ni olieron el aire libre del exterior.
Hulle het nie die grond aangeraak nie, en ook nie die oop lug buite geruik nie.
También estaban los fox terriers, al menos veinte en número.

Daar was ook die foxterriërs, ten minste twintig in getal.
Estos terriers le ladraron ferozmente a Toots y a Ysabel dentro de la casa.
Hierdie terriërs het binnenshuis woes vir Toots en Ysabel geblaf.
Toots e Ysabel se quedaron detrás de las ventanas, a salvo de todo daño.
Toots en Ysabel het agter vensters gebly, veilig teen gevaar.
Estaban custodiados por criadas con escobas y trapeadores.
Hulle is deur huisbediende met besems en moppe bewaak.
Pero Buck no era un perro de casa ni tampoco de perrera.
Maar Buck was geen huishond nie, en hy was ook geen kennelhond nie.
Toda la propiedad pertenecía a Buck como su legítimo reino.
Die hele eiendom het aan Buck behoort as sy regmatige ryk.
Buck nadaba en el tanque o salía a cazar con los hijos del juez.
Buck het in die tenk geswem of saam met die Regter se seuns gaan jag.
Caminaba con Mollie y Alice temprano o tarde.
Hy het in die vroeë of laat oggendure saam met Mollie en Alice gestap.
En las noches frías yacía junto al fuego de la biblioteca con el juez.
Op koue nagte het hy voor die biblioteekvuur saam met die Regter gelê.
Buck llevaba a los nietos del juez en su fuerte espalda.
Buck het die Regter se kleinseuns op sy sterk rug saamgery.
Se revolcó en el césped con los niños, vigilándolos de cerca.
Hy het saam met die seuns in die gras gerol en hulle noukeurig bewaak.
Se aventuraron hasta la fuente e incluso pasaron por los campos de bayas.
Hulle het na die fontein en selfs verby die bessielande gewaag.
Entre los fox terriers, Buck caminaba siempre con orgullo real.

Onder die foksterriërs het Buck altyd met koninklike trots geloop.
Él ignoró a Toots y Ysabel, tratándolos como si fueran aire.
Hy het Toots en Ysabel geïgnoreer en hulle soos lug behandel.
Buck reinaba sobre todas las criaturas vivientes en la tierra del juez Miller.
Buck het oor alle lewende wesens op Regter Miller se grond geheers.
Él gobernaba a los animales, a los insectos, a los pájaros e incluso a los humanos.
Hy het oor diere, insekte, voëls en selfs mense geheers.
El padre de Buck, Elmo, había sido un San Bernardo enorme y leal.
Buck se pa, Elmo, was 'n groot en lojale Sint Bernardus.
Elmo nunca se apartó del lado del juez y le sirvió fielmente.
Elmo het nooit die Regter se sy verlaat nie, en hom getrou gedien.
Buck parecía dispuesto a seguir el noble ejemplo de su padre.
Buck het gereed gelyk om sy vader se edele voorbeeld te volg.
Buck no era tan grande: pesaba ciento cuarenta libras.
Buck was nie heeltemal so groot nie, en het honderd-en-veertig pond geweeg.
Su madre, Shep, había sido una excelente perra pastor escocesa.
Sy ma, Shep, was 'n goeie Skotse herdershond.
Pero incluso con ese peso, Buck caminaba con presencia majestuosa.
Maar selfs met daardie gewig het Buck met koninklike teenwoordigheid geloop.
Esto fue gracias a la buena comida y al respeto que siempre recibió.
Dit het gekom van goeie kos en die respek wat hy altyd ontvang het.
Durante cuatro años, Buck había vivido como un noble mimado.
Vir vier jaar het Buck soos 'n bederfde edelman geleef.

Estaba orgulloso de sí mismo y hasta era un poco egoísta.
Hy was trots op homself, en selfs effens egoïsties.
Ese tipo de orgullo era común entre los señores de países remotos.
Daardie soort trots was algemeen onder afgeleë plattelandse here.
Pero Buck se salvó de convertirse en un perro doméstico mimado.
Maar Buck het homself daarvan gered om nie 'n bederfde huishond te word nie.
Se mantuvo delgado y fuerte gracias a la caza y el ejercicio.
Hy het maer en sterk gebly deur jag en oefening.
Amaba profundamente el agua, como la gente que se baña en lagos fríos.
Hy was baie lief vir water, soos mense wat in koue mere bad.
Este amor por el agua mantuvo a Buck fuerte y muy saludable.
Hierdie liefde vir water het Buck sterk en baie gesond gehou.
Éste era el perro en que se había convertido Buck en el otoño de 1897.
Dit was die hond wat Buck in die herfs van 1897 geword het.
Cuando la huelga de Klondike arrastró a los hombres hacia el gélido Norte.
Toe die Klondike-aanval mans na die bevrore Noorde getrek het.
La gente acudió en masa desde todos los rincones del mundo hacia aquella tierra fría.
Mense het van oor die hele wêreld na die koue land gestroom.
Buck, sin embargo, no leía los periódicos ni entendía las noticias.
Buck het egter nie die koerante gelees of nuus verstaan nie.
Él no sabía que Manuel era un mal hombre con quien estar.
Hy het nie geweet dat Manuel 'n slegte man was om mee saam te wees nie.
Manuel, que ayudaba en el jardín, tenía un problema profundo.

Manuel, wat in die tuin gehelp het, het 'n groot probleem gehad.
Manuel era adicto al juego de la lotería china.
Manuel was verslaaf aan dobbelary in die Chinese lotery.
También creía firmemente en un sistema fijo para ganar.
Hy het ook sterk geglo in 'n vaste stelsel vir wen.
Esa creencia hizo que su fracaso fuera seguro e inevitable.
Daardie oortuiging het sy mislukking seker en onvermydelik gemaak.
Jugar con un sistema exige dinero, del que Manuel carecía.
Om 'n stelsel te speel verg geld, wat Manuel kortgekom het.
Su salario apenas alcanzaba para mantener a su esposa y a sus numerosos hijos.
Sy salaris het skaars sy vrou en baie kinders onderhou.
La noche en que Manuel traicionó a Buck, las cosas estaban normales.
Die nag toe Manuel Buck verraai het, was dinge normaal.
El juez estaba en una reunión de la Asociación de Productores de Pasas.
Die Regter was by 'n vergadering van die Rosyntjiekwekersvereniging.
Los hijos del juez estaban entonces ocupados formando un club atlético.
Die Regter se seuns was toe besig om 'n atletiekklub te stig.
Nadie vio a Manuel y Buck salir por el huerto.
Niemand het Manuel en Buck deur die boord sien vertrek nie.
Buck pensó que esta caminata era simplemente un simple paseo nocturno.
Buck het gedink hierdie stap was net 'n eenvoudige nagtelike stappie.
Se encontraron con un solo hombre en la estación de la bandera, en College Park.
Hulle het slegs een man by die vlagstasie, in College Park, ontmoet.
Ese hombre habló con Manuel y intercambiaron dinero.
Daardie man het met Manuel gepraat, en hulle het geld uitgeruil.

"Envuelva la mercancía antes de entregarla", sugirió.
"Verpak die goedere voordat jy dit aflewer," het hy voorgestel.
La voz del hombre era áspera e impaciente mientras hablaba.
Die man se stem was rof en ongeduldig terwyl hy gepraat het.
Manuel ató cuidadosamente una cuerda gruesa alrededor del cuello de Buck.
Manuel het versigtig 'n dik tou om Buck se nek vasgemaak.
"Si retuerces la cuerda, lo estrangularás bastante"
"Draai die tou, en jy sal hom baie verwurg"
El extraño emitió un gruñido, demostrando que entendía bien.
Die vreemdeling het gekreun, wat wys dat hy goed verstaan het.
Buck aceptó la cuerda con calma y tranquila dignidad ese día.
Buck het die tou daardie dag met kalm en stille waardigheid aanvaar.
Fue un acto inusual, pero Buck confiaba en los hombres que conocía.
Dit was 'n ongewone daad, maar Buck het die mans wat hy geken het, vertrou.
Él creía que su sabiduría iba mucho más allá de su propio pensamiento.
Hy het geglo dat hulle wysheid veel verder gegaan het as sy eie denke.
Pero entonces la cuerda fue entregada a manos del extraño.
Maar toe is die tou in die hande van die vreemdeling oorhandig.
Buck emitió un gruñido bajo que advertía con una amenaza silenciosa.
Buck het 'n lae grom gegee wat met stille dreiging gewaarsku het.
Era orgulloso y autoritario y quería mostrar su descontento.
Hy was trots en gebiedend, en wou sy misnoeë toon.
Buck creyó que su advertencia sería entendida como una orden.

Buck het geglo dat sy waarskuwing as 'n bevel verstaan sou word.

Para su sorpresa, la cuerda se tensó rápidamente alrededor de su grueso cuello.

Tot sy skok het die tou styf om sy dik nek getrek.

Se quedó sin aire y comenzó a luchar con una furia repentina.

Sy lug is afgesny en hy het skielik woedend begin veg.

Saltó hacia el hombre, quien rápidamente se encontró con Buck en el aire.

Hy het op die man gespring, wat Buck vinnig in die lug teëgekom het.

El hombre agarró la garganta de Buck y lo retorció hábilmente en el aire.

Die man het Buck se keel gegryp en hom vaardig in die lug gedraai.

Buck fue arrojado al suelo con fuerza, cayendo de espaldas.

Buck is hard neergegooi en het plat op sy rug beland.

La cuerda ahora lo estrangulaba cruelmente mientras él pateaba salvajemente.

Die tou het hom nou wreed verwurg terwyl hy wild geskop het.

Se le cayó la lengua, su pecho se agitó, pero no recuperó el aliento.

Sy tong het uitgeval, sy bors het gebewe, maar hy het nie asemgehaal nie.

Nunca había sido tratado con tanta violencia en su vida.

Hy is nog nooit in sy lewe met sulke geweld behandel nie.

Tampoco nunca antes se había sentido tan lleno de furia.

Hy was ook nog nooit tevore met so 'n diepe woede gevul nie.

Pero el poder de Buck se desvaneció y sus ojos se volvieron vidriosos.

Maar Buck se krag het vervaag, en sy oë het glasagtig geword.

Se desmayó justo cuando un tren se detuvo cerca.

Hy het flou geword net toe 'n trein naby stilhou.

Luego los dos hombres lo arrojaron rápidamente al vagón de equipaje.

Toe gooi die twee mans hom vinnig in die bagasiewa.
Lo siguiente que sintió Buck fue dolor en su lengua hinchada.
Die volgende ding wat Buck gevoel het, was pyn in sy geswolle tong.
Se desplazaba en un carro tambaleante, apenas consciente.
Hy het in 'n bewerige karretjie beweeg, slegs vaagweg by sy bewussyn.
El agudo grito del silbato del tren le indicó a Buck su ubicación.
Die skerp gil van 'n treinfluitjie het vir Buck sy ligging vertel.
Había viajado muchas veces con el Juez y conocía esa sensación.
Hy het dikwels saam met die Regter gery en het die gevoel geken.
Fue una experiencia única viajar nuevamente en un vagón de equipajes.
Dit was die unieke skok om weer in 'n bagasiewa te reis.
Buck abrió los ojos y su mirada ardía de rabia.
Buck het sy oë oopgemaak, en sy blik het van woede gebrand.
Esta fue la ira de un rey orgulloso destronado.
Dit was die toorn van 'n trotse koning wat van sy troon af weggeneem is.
Un hombre intentó agarrarlo, pero Buck lo atacó primero.
'n Man het uitgereik om hom te gryp, maar Buck het eerste geslaan.
Hundió los dientes en la mano del hombre y la sujetó con fuerza.
Hy het sy tande in die man se hand geslaan en styf vasgehou.
No lo soltó hasta que se desmayó por segunda vez.
Hy het nie losgelaat totdat hy 'n tweede keer bewusteloos geraak het nie.
—Sí, tiene ataques —murmuró el hombre al maletero.
"Ja, kry stuipe," mompel die man vir die bagasieman.
El maletero había oído la lucha y se acercó.
Die bagasieman het die gesukkel gehoor en nader gekom.
"Lo llevaré a Frisco para el jefe", explicó el hombre.

"Ek neem hom na 'Frisco vir die baas," het die man verduidelik.

"Allí hay un buen veterinario que dice poder curarlos".

"Daar is 'n goeie hondedokter wat sê hy kan hulle genees."

Más tarde esa noche, el hombre dio su propio relato completo.

Later daardie aand het die man sy eie volledige weergawe gegee.

Habló desde un cobertizo detrás de un salón en los muelles.

Hy het vanuit 'n skuur agter 'n saloon op die dokke gepraat.

"Lo único que me dieron fueron cincuenta dólares", se quejó al tabernero.

"Al wat ek gekry het, was vyftig dollar," het hy by die saloonman gekla.

"No lo volvería a hacer ni por mil dólares en efectivo".

"Ek sou dit nie weer doen nie, nie eens vir 'n duisend in koue kontant nie."

Su mano derecha estaba fuertemente envuelta en un paño ensangrentado.

Sy regterhand was styf toegedraai in 'n bloedige lap.

La pernera de su pantalón estaba abierta de par en par desde la rodilla hasta el pie.

Sy broekspyp was wyd oopgeskeur van knie tot voet.

—¿Cuánto le pagaron al otro tipo? —preguntó el tabernero.

"Hoeveel het die ander beker betaal gekry?" het die saloonman gevra.

"Cien", respondió el hombre, "no aceptaría ni un centavo menos".

"Honderd," antwoord die man, "hy sal nie 'n sent minder neem nie."

—Eso suma ciento cincuenta —dijo el tabernero.

"Dit kom neer op honderd-en-vyftig," het die saloonman gesê.

"Y él lo vale todo, o no soy más que un idiota".

"En hy is dit alles werd, anders is ek niks beter as 'n domkop nie."

El hombre abrió los envoltorios para examinar su mano.

Die man het die verpakking oopgemaak om sy hand te ondersoek.
La mano estaba gravemente desgarrada y cubierta de sangre seca.
Die hand was erg geskeur en bedek met droë bloed.
"Si no consigo la hidrofobia…" empezó a decir.
"As ek nie die hidrofobie kry nie …" het hy begin sê.
"Será porque naciste para la horca", dijo entre risas.
"Dit sal wees omdat jy gebore is om te hang," kom daar 'n lag.
"Ven a ayudarme antes de irte", le pidieron.
"Kom help my uit voordat jy gaan," is hy gevra.
Buck estaba aturdido por el dolor en la lengua y la garganta.
Buck was in 'n beswyming van die pyn in sy tong en keel.
Estaba medio estrangulado y apenas podía mantenerse en pie.
Hy was half verwurg en kon skaars regop staan.
Aún así, Buck intentó enfrentar a los hombres que lo habían lastimado.
Tog het Buck probeer om die mans wat hom so seergemaak het, in die gesig te staar.
Pero lo derribaron y lo estrangularon una vez más.
Maar hulle het hom neergegooi en hom weer eens verwurg.
Sólo entonces pudieron quitarle el pesado collar de bronce.
Eers toe kon hulle sy swaar koperkraag afsaag.
Le quitaron la cuerda y lo metieron en una caja.
Hulle het die tou verwyder en hom in 'n krat gegooi.
La caja era pequeña y tenía la forma de una tosca jaula de hierro.
Die krat was klein en gevorm soos 'n growwe ysterhok.
Buck permaneció allí toda la noche, lleno de ira y orgullo herido.
Buck het die hele nag daar gelê, vol woede en gewonde trots.
No podía ni siquiera empezar a comprender lo que le estaba pasando.
Hy kon nie begin verstaan wat met hom gebeur nie.
¿Por qué estos hombres extraños lo mantenían en esa pequeña caja?

Waarom het hierdie vreemde mans hom in hierdie klein krat aangehou?
¿Qué querían de él y por qué este cruel cautiverio?
Wat wou hulle met hom hê, en waarom hierdie wrede gevangenskap?
Sintió una presión oscura; una sensación de desastre que se acercaba.
Hy het 'n donker druk gevoel; 'n gevoel van ramp wat nader kom.
Era un miedo vago, pero que se apoderó pesadamente de su espíritu.
Dit was 'n vae vrees, maar dit het swaar op sy gees neergesak.
Saltó varias veces cuando la puerta del cobertizo vibró.
Verskeie kere het hy opgespring toe die skuurdeur rammel.
Esperaba que el juez o los muchachos aparecieran y lo rescataran.
Hy het verwag dat die Regter of die seuns sou verskyn en hom red.
Pero cada vez sólo se asomaba el rostro gordo del tabernero.
Maar net die saloon-eienaar se vet gesig het elke keer binne-in geloer.
El rostro del hombre estaba iluminado por el tenue resplandor de una vela de sebo.
Die man se gesig was verlig deur die dowwe gloed van 'n talgkers.
Cada vez, el alegre ladrido de Buck cambiaba a un gruñido bajo y enojado.
Elke keer het Buck se vrolike blaf verander in 'n lae, kwaai gegrom.

El tabernero lo dejó solo durante la noche en el cajón.
Die kroegman het hom alleen vir die nag in die krat gelos
Pero cuando se despertó por la mañana, venían más hombres.
Maar toe hy die oggend wakker word, het meer manne aangekom.

Llegaron cuatro hombres y recogieron la caja con cuidado y sin decir palabra.
Vier mans het gekom en die krat versigtig opgetel sonder 'n woord.
Buck supo de inmediato en qué situación se encontraba.
Buck het dadelik geweet in watter situasie hy hom bevind het.
Eran otros torturadores contra los que tenía que luchar y a los que tenía que temer.
Hulle was verdere pynigers wat hy moes beveg en vrees.
Estos hombres parecían malvados, andrajosos y muy mal arreglados.
Hierdie mans het boos, rafelrig en baie sleg versorg gelyk.
Buck gruñó y se abalanzó sobre ellos ferozmente a través de los barrotes.
Buck het gegrom en woes deur die tralies op hulle afgestorm.
Ellos simplemente se rieron y lo golpearon con largos palos de madera.
Hulle het net gelag en hom met lang houtstokke gesteek.
Buck mordió los palos y luego se dio cuenta de que eso era lo que les gustaba.
Buck het aan die stokke gebyt, toe besef dis wat hulle daarvan hou.
Así que se quedó acostado en silencio, hosco y ardiendo de rabia silenciosa.
So het hy stil gaan lê, nors en brandend van stille woede.
Subieron la caja a un carro y se fueron con él.
Hulle het die krat in 'n wa gelig en met hom weggery.
La caja, con Buck encerrado dentro, cambiaba de manos a menudo.
Die krat, met Buck binne toegesluit, het gereeld van eienaar verwissel.
Los empleados de la oficina exprés se hicieron cargo de él y lo atendieron brevemente.
Express-kantoorklerke het die leisels oorgeneem en hom kortliks hanteer.
Luego, otro carro transportó a Buck a través de la ruidosa ciudad.

Toe het nog 'n wa Buck oor die lawaaierige dorp gedra.
Un camión lo llevó con cajas y paquetes a un ferry.
'n Vragmotor het hom met bokse en pakkies op 'n veerboot geneem.
Después de cruzar, el camión lo descargó en una estación ferroviaria.
Nadat hy oorgesteek het, het die vragmotor hom by 'n spoorwegdepot afgelaai.
Finalmente, colocaron a Buck dentro de un vagón expreso que lo esperaba.
Uiteindelik is Buck in 'n wagtende snelwa geplaas.
Durante dos días y dos noches, los trenes arrastraron el vagón expreso.
Vir twee dae en nagte het treine die snelwa weggetrek.
Buck no comió ni bebió durante todo el doloroso viaje.
Buck het gedurende die hele pynlike reis nie geëet of gedrink nie.
Cuando los mensajeros expresos intentaron acercarse a él, gruñó.
Toe die snelbodes hom probeer nader, het hy gegrom.
Ellos respondieron burlándose de él y molestándolo cruelmente.
Hulle het gereageer deur hom te bespot en hom wreed te terg.
Buck se arrojó contra los barrotes, echando espuma y temblando.
Buck het homself teen die tralies gegooi, skuimend en bewerig
Se rieron a carcajadas y se burlaron de él como matones del patio de la escuela.
hulle het hard gelag en hom gespot soos skoolboelies.
Ladraban como perros de caza y agitaban los brazos.
Hulle het soos vals honde geblaf en met hul arms geklap.
Incluso cantaron como gallos sólo para molestarlo más.
Hulle het selfs soos hane gekraai net om hom nog meer te ontstel.
Fue un comportamiento tonto y Buck sabía que era ridículo.
Dit was dwase gedrag, en Buck het geweet dit was belaglik.

Pero eso sólo profundizó su sentimiento de indignación y vergüenza.
Maar dit het net sy gevoel van verontwaardiging en skaamte verdiep.
Durante el viaje no le molestó mucho el hambre.
Hy was nie veel deur honger gepla tydens die reis nie.
Pero la sed traía consigo un dolor agudo y un sufrimiento insoportable.
Maar dors het skerp pyn en ondraaglike lyding gebring.
Su garganta y lengua secas e inflamadas ardían de calor.
Sy droë, ontsteekte keel en tong het gebrand van hitte.
Este dolor alimentó la fiebre que crecía dentro de su orgulloso cuerpo.
Hierdie pyn het die koors gevoed wat in sy trotse liggaam gestyg het.
Buck estuvo agradecido por una sola cosa durante esta prueba.
Buck was dankbaar vir een enkele ding tydens hierdie verhoor.
Le habían quitado la cuerda que le rodeaba el grueso cuello.
Die tou was om sy dik nek verwyder.
La cuerda había dado a esos hombres una ventaja injusta y cruel.
Die tou het daardie manne 'n onregverdige en wrede voordeel gegee.
Ahora la cuerda había desaparecido y Buck juró que nunca volvería.
Nou was die tou weg, en Buck het gesweer dit sou nooit terugkeer nie.
Decidió que nunca más volvería a pasarle una cuerda al cuello.
Hy het besluit dat geen tou ooit weer om sy nek sou gaan nie.
Durante dos largos días y noches sufrió sin comer.
Vir twee lang dae en nagte het hy sonder kos gely.
Y en esas horas se fue acumulando en su interior una rabia enorme.

En in daardie ure het hy 'n enorme woede binne hom opgebou.
Sus ojos se volvieron inyectados en sangre y salvajes por la ira constante.
Sy oë het bloedbelope en wild geword van voortdurende woede.
Ya no era Buck, sino un demonio con mandíbulas chasqueantes.
Hy was nie meer Buck nie, maar 'n demoon met klapkake.
Ni siquiera el juez habría reconocido a esta loca criatura.
Selfs die Regter sou hierdie mal skepsel nie geken het nie.
Los mensajeros exprés suspiraron aliviados cuando llegaron a Seattle.
Die snelboodskappers het verlig gesug toe hulle Seattle bereik het.
Cuatro hombres levantaron la caja y la llevaron a un patio trasero.
Vier mans het die krat opgelig en na 'n agterplaas gebring.
El patio era pequeño, rodeado de muros altos y sólidos.
Die erf was klein, omring deur hoë en soliede mure.
Un hombre corpulento salió con una camisa roja holgada.
'n Groot man het uitgestap in 'n verslapte rooi truihemp.
Firmó el libro de entrega con letra gruesa y atrevida.
Hy het die afleweringsboek met 'n dik en vet hand geteken.
Buck sintió de inmediato que este hombre era su próximo torturador.
Buck het dadelik aangevoel dat hierdie man sy volgende kwelgeest was.
Se abalanzó violentamente contra los barrotes, con los ojos rojos de furia.
Hy het gewelddadig teen die tralies gestorm, oë rooi van woede.
El hombre simplemente sonrió oscuramente y fue a buscar un hacha.
Die man het net donker geglimlag en 'n byl gaan haal.
También traía un garrote en su gruesa y fuerte mano derecha.

Hy het ook 'n stok in sy dik en sterk regterhand gebring.
"¿Vas a sacarlo ahora?" preguntó preocupado el conductor.
"Gaan jy hom nou uithaal?" het die bestuurder bekommerd gevra.
—Claro —dijo el hombre, metiendo el hacha en la caja a modo de palanca.
"Seker," sê die man en druk die byl as 'n hefboom in die krat vas.
Los cuatro hombres se dispersaron instantáneamente y saltaron al muro del patio.
Die vier mans het onmiddellik uitmekaar gespring en op die erfmuur gespring.
Desde sus lugares seguros arriba, esperaban para observar el espectáculo.
Vanuit hul veilige plekke daarbo het hulle gewag om die skouspel te aanskou.
Buck se abalanzó sobre la madera astillada, mordiéndola y sacudiéndola ferozmente.
Buck het na die versplinterde hout gestorm, terwyl hy hewig byt en bewe.
Cada vez que el hacha golpeaba la jaula, Buck estaba allí para atacarla.
Elke keer as die byl die hok getref het), was Buck daar om dit aan te val.
Gruñó y chasqueó los dientes con furia salvaje, ansioso por ser liberado.
Hy het gegrom en gekap van wilde woede, gretig om vrygelaat te word.
El hombre que estaba afuera estaba tranquilo y firme, concentrado en su tarea.
Die man buite was kalm en standvastig, vasbeslote op sy taak.
"Muy bien, demonio de ojos rojos", dijo cuando el agujero fue grande.
"Goed dan, jou rooioogduiwel," het hy gesê toe die gat groot was.
Dejó caer el hacha y tomó el garrote con su mano derecha.

Hy het die byl laat val en die knuppel in sy regterhand geneem.

Buck realmente parecía un demonio; con los ojos inyectados en sangre y llameantes.

Buck het werklik soos 'n duiwel gelyk; oë bloedbelope en vlammend.

Su pelaje se erizó, le salía espuma por la boca y sus ojos brillaban.

Sy jas het geborsel, skuim het om sy mond geskuim, oë het geglinster.

Tensó los músculos y se lanzó directamente hacia el suéter rojo.

Hy het sy spiere saamgespan en reguit op die rooi trui gespring.

Ciento cuarenta libras de furia volaron hacia el hombre tranquilo.

Honderd-en-veertig pond woede het na die kalm man gevlieg.

Justo antes de que sus mandíbulas se cerraran, un golpe terrible lo golpeó.

Net voordat sy kake toegeklamp het, het 'n verskriklike hou hom getref.

Sus dientes chasquearon al chocar contra nada más que el aire.

Sy tande het teen mekaar geknak op niks anders as lug nie

Una sacudida de dolor resonó a través de su cuerpo

'n skok van pyn het deur sy liggaam weergalm

Dio una vuelta en el aire y se estrelló sobre su espalda y su costado.

Hy het midde-in die lug omgeslaan en op sy rug en sy neergestort.

Nunca antes había sentido el golpe de un garrote y no podía agarrarlo.

Hy het nog nooit tevore 'n knuppel se hou gevoel nie en kon dit nie vasgryp nie.

Con un gruñido estridente, mitad ladrido, mitad grito, saltó de nuevo.

Met 'n gillende gegrom, deels blaf, deels gil, het hy weer opgespring.
Otro golpe brutal lo alcanzó y lo arrojó al suelo.
Nog 'n wrede hou het hom getref en hom op die grond gegooi.
Esta vez Buck lo entendió: era el pesado garrote del hombre.
Hierdie keer het Buck verstaan—dit was die man se swaar knuppel.
Pero la rabia lo cegó y no pensó en retirarse.
Maar woede het hom verblind, en hy het geen gedagte aan terugtog gehad nie.
Doce veces se lanzó y doce veces cayó.
Twaalf keer het hy homself gewerp, en twaalf keer het hy geval.
El palo de madera lo golpeaba cada vez con una fuerza despiadada y aplastante.
Die houtknuppel het hom elke keer met meedoënlose, verpletterende krag verpletter.
Después de un golpe feroz, se tambaleó hasta ponerse de pie, aturdido y lento.
Na een hewige hou het hy versuft en stadig orent gekom.
Le salía sangre de la boca, de la nariz y hasta de las orejas.
Bloed het uit sy mond, sy neus en selfs sy ore gestroom.
Su pelaje, otrora hermoso, estaba manchado de espuma sanguinolenta.
Sy eens pragtige jas was met bloedige skuim besmeer.
Entonces el hombre se adelantó y le dio un golpe tremendo en la nariz.
Toe tree die man op en slaan hom 'n wrede hou teen die neus.
La agonía fue más aguda que cualquier cosa que Buck hubiera sentido jamás.
Die pyn was skerper as enigiets wat Buck ooit gevoel het.
Con un rugido más de bestia que de perro, saltó nuevamente para atacar.
Met 'n gebrul meer dier as hond, het hy weer opgespring om aan te val.
Pero el hombre se agarró la mandíbula inferior y la torció hacia atrás.

Maar die man het sy onderkaak gegryp en dit agtertoe
gedraai.
Buck se dio una vuelta de cabeza y volvió a caer con fuerza.
Buck het kop oor hakke geslaan en weer hard neergestort.
Una última vez, Buck cargó contra él, ahora apenas capaz de mantenerse en pie.
Een laaste keer het Buck op hom afgestorm, nou skaars in staat om op te staan.
El hombre atacó con una sincronización experta, dando el golpe final.
Die man het met kundige tydsberekening toegeslaan en die finale hou toegedien.
Buck se desplomó en un montón, inconsciente e inmóvil.
Buck het bewusteloos en roerloos in 'n hoop ineengestort.
"No es ningún inútil a la hora de domar perros, eso es lo que digo", gritó un hombre.
"Hy is nie traag met honde-breek nie, dis wat ek sê," het 'n man geskree.
"Druther puede quebrar la voluntad de un perro cualquier día de la semana".
"Druther kan die wil van 'n hond enige dag van die week breek."
"¡Y dos veces el domingo!" añadió el conductor.
"En twee keer op 'n Sondag!" het die bestuurder bygevoeg.
Se subió al carro y tiró de las riendas para partir.
Hy het in die wa geklim en die teuels gekraak om te vertrek.
Buck recuperó lentamente el control de su conciencia.
Buck het stadig beheer oor sy bewussyn herwin
Pero su cuerpo todavía estaba demasiado débil y roto para moverse.
maar sy liggaam was steeds te swak en gebreek om te beweeg.
Se quedó donde había caído, observando al hombre del suéter rojo.
Hy het gelê waar hy geval het, en die man met die rooi trui dopgehou.
"Responde al nombre de Buck", dijo el hombre, leyendo en voz alta.

"Hy antwoord op die naam van Buck," het die man gesê terwyl hy hardop lees.

Citó la nota enviada con la caja de Buck y los detalles.

Hy het aangehaal uit die nota wat saam met Buck se krat gestuur is, en besonderhede.

—Bueno, Buck, muchacho —continuó el hombre con tono amistoso—.

"Wel, Buck, my seun," het die man met 'n vriendelike toon voortgegaan,

"Hemos tenido nuestra pequeña pelea y ahora todo ha terminado entre nosotros".

"Ons het ons klein rusie gehad, en nou is dit verby tussen ons."

"Tú has aprendido cuál es tu lugar y yo he aprendido cuál es el mío", añadió.

"Jy het jou plek geleer, en ek het myne geleer," het hy bygevoeg.

"Sé bueno y todo irá bien y la vida será placentera".

"Wees goed, en alles sal goed gaan, en die lewe sal aangenaam wees."

"Pero si te portas mal, te daré una paliza, ¿entiendes?"

"Maar wees stout, en ek sal jou die vulsel uitslaan, verstaan?"

Mientras hablaba, extendió la mano y acarició la cabeza dolorida de Buck.

Terwyl hy gepraat het, het hy uitgereik en Buck se seer kop geklop.

El cabello de Buck se erizó ante el toque del hombre, pero no se resistió.

Buck se hare het rys toe die man dit aanraak, maar hy het nie weerstand gebied nie.

El hombre le trajo agua, que Buck bebió a grandes tragos.

Die man het vir hom water gebring, wat Buck in groot slukke gedrink het.

Luego vino la carne cruda, que Buck devoró trozo a trozo.

Toe kom rou vleis, wat Buck stukkie vir stukkie verslind het.

Sabía que estaba derrotado, pero también sabía que no estaba roto.

Hy het geweet hy is geslaan, maar hy het ook geweet hy was nie gebreek nie.

No tenía ninguna posibilidad contra un hombre armado con un garrote.

Hy het geen kans gehad teen 'n man gewapen met 'n knuppel nie.

Había aprendido la verdad y nunca olvidó esa lección.

Hy het die waarheid geleer, en hy het daardie les nooit vergeet nie.

Esa arma fue el comienzo de la ley en el nuevo mundo de Buck.

Daardie wapen was die begin van die wet in Buck se nuwe wêreld.

Fue el comienzo de un orden duro y primitivo que no podía negar.

Dit was die begin van 'n harde, primitiewe orde wat hy nie kon ontken nie.

Aceptó la verdad; sus instintos salvajes ahora estaban despiertos.

Hy het die waarheid aanvaar; sy wilde instinkte was nou wakker.

El mundo se había vuelto más duro, pero Buck lo afrontó con valentía.

Die wêreld het harder geword, maar Buck het dit dapper die hoof gebied.

Afrontó la vida con nueva cautela, astucia y fuerza silenciosa.

Hy het die lewe met nuwe versigtigheid, listigheid en stille krag tegemoetgegaan.

Llegaron más perros, atados con cuerdas o cajas como había estado Buck.

Meer honde het aangekom, vasgemaak in toue of kratte soos Buck was.

Algunos perros llegaron con calma, otros se enfurecieron y pelearon como bestias salvajes.

Party honde het kalm gekom, ander het gewoed en soos wilde diere geveg.

Todos ellos quedaron bajo el dominio del hombre del suéter rojo.
Hulle almal is onder die heerskappy van die man met die rooi trui gebring.
Cada vez, Buck observaba y veía cómo se desarrollaba la misma lección.
Elke keer het Buck gekyk en dieselfde les sien ontvou.
El hombre con el garrote era la ley, un amo al que había que obedecer.
Die man met die knuppel was die wet; 'n meester wat gehoorsaam moes word.
No necesitaba ser querido, pero sí obedecido.
Hy het nie nodig gehad om gehou te word nie, maar hy moes gehoorsaam word.
Buck nunca adulaba ni meneaba la cola como lo hacían los perros más débiles.
Bok het nooit gekuier of gewaggel soos die swakker honde nie.
Vio perros que estaban golpeados y todavía lamían la mano del hombre.
Hy het honde gesien wat geslaan is en steeds die man se hand gelek het.
Vio un perro que no obedecía ni se sometía en absoluto.
Hy het een hond gesien wat glad nie wou gehoorsaam of onderwerp nie.
Ese perro luchó hasta que murió en la batalla por el control.
Daardie hond het geveg totdat hy in die stryd om beheer dood is.
A veces, desconocidos venían a ver al hombre del suéter rojo.
Vreemdelinge sou soms kom om die man met die rooi trui te sien.
Hablaban en tonos extraños, suplicando, negociando y riendo.
Hulle het in vreemde toonhoogte gepraat, gesmeek, onderhandel en gelag.

Cuando se intercambiaba dinero, se iban con uno o más perros.
Toe geld geruil is, het hulle met een of meer honde vertrek.
Buck se preguntó a dónde habían ido esos perros, pues ninguno regresaba jamás.
Buck het gewonder waarheen hierdie honde gegaan het, want niemand het ooit teruggekeer nie.
El miedo a lo desconocido llenaba a Buck cada vez que un hombre extraño se acercaba.
vrees vir die onbekende het Buck elke keer gevul wanneer 'n vreemde man gekom het
Se alegraba cada vez que se llevaban a otro perro en lugar de a él mismo.
Hy was bly elke keer as 'n ander hond geneem is, eerder as hyself.
Pero finalmente, llegó el turno de Buck con la llegada de un hombre extraño.
Maar uiteindelik het Buck se beurt gekom met die aankoms van 'n vreemde man.
Era pequeño, fibroso y hablaba un inglés deficiente y decía palabrotas.
Hy was klein, draderig en het in gebroke Engels en vloekwoorde gepraat.
—¡Sacredam! —gritó cuando vio el cuerpo de Buck.
"Heilig!" het hy geskree toe hy Buck se lyf sien.
—¡Qué perro tan bravucón! ¿Eh? ¿Cuánto? —preguntó en voz alta.
"Dis een verdomde boeliehond! Ag? Hoeveel?" het hy hardop gevra.
"Trescientos, y es un regalo a ese precio".
"Driehonderd, en hy's 'n geskenk teen daardie prys,"
—Como es dinero del gobierno, no deberías quejarte, Perrault.
"Aangesien dit staatsgeld is, moet jy nie kla nie, Perrault."
Perrault sonrió ante el trato que acababa de hacer con aquel hombre.

Perrault het geglimlag oor die ooreenkoms wat hy pas met die man gesluit het.
El precio de los perros se disparó debido a la repentina demanda.
Die prys van honde het gestyg as gevolg van die skielike vraag.
Trescientos dólares no era injusto para una bestia tan bella.
Driehonderd dollar was nie onregverdig vir so 'n pragtige dier nie.
El gobierno canadiense no perdería nada con el acuerdo
Die Kanadese regering sou niks in die ooreenkoms verloor nie.
Además sus despachos oficiales tampoco sufrirían demoras en el tránsito.
Ook sou hul amptelike versendings nie tydens vervoer vertraag word nie.
Perrault conocía bien a los perros y podía ver que Buck era algo raro.
Perrault het honde goed geken, en kon sien dat Buck iets vreemds was.
"Uno entre diez diez mil", pensó mientras estudiaba la complexión de Buck.
"Een uit tien tienduisend," het hy gedink terwyl hy Buck se bou bestudeer het.
Buck vio que el dinero cambiaba de manos, pero no mostró sorpresa.
Buck het gesien hoe die geld van eienaar verwissel, maar het geen verbasing getoon nie.
Pronto él y Curly, un gentil Terranova, fueron llevados lejos.
Gou is hy en Curly, 'n sagte Newfoundlander, weggelei.
Siguieron al hombrecito desde el patio del suéter rojo.
Hulle het die klein mannetjie van die rooi trui se erf gevolg.
Esa fue la última vez que Buck vio al hombre con el garrote de madera.
Dit was die laaste wat Buck ooit van die man met die houtknuppel gesien het.
Desde la cubierta del Narwhal vio cómo Seattle se desvanecía en la distancia.

Van die Narwhal se dek af het hy Seattle in die verte sien verdwyn.
También fue la última vez que vio las cálidas tierras del Sur.
Dit was ook die laaste keer dat hy ooit die warm Suidland gesien het.
Perrault los llevó bajo cubierta y los dejó con François.
Perrault het hulle onderdek geneem en hulle by François gelos.
François era un gigante de cara negra y manos ásperas y callosas.
François was 'n swartgesigreus met growwe, eelte hande.
Era oscuro y moreno, un mestizo francocanadiense.
Hy was donker en dor; 'n halfbloed Frans-Kanadees.
Para Buck, estos hombres eran de un tipo que nunca había visto antes.
Vir Buck was hierdie manne van 'n soort wat hy nog nooit tevore gesien het nie.
En los días venideros conocería a muchos hombres así.
Hy sou in die dae wat voorlê baie sulke manne leer ken.
No llegó a encariñarse con ellos, pero llegó a respetarlos.
Hy het nie van hulle gehou nie, maar hy het hulle begin respekteer.
Eran justos y sabios, y no se dejaban engañar fácilmente por ningún perro.
Hulle was regverdig en wys, en nie maklik deur enige hond mislei nie.
Juzgaban a los perros con calma y castigaban sólo cuando lo merecían.
Hulle het honde kalm beoordeel en slegs gestraf wanneer dit verdien is.
En la cubierta inferior del Narwhal, Buck y Curly se encontraron con dos perros.
In die Narwhal se onderste dek het Buck en Curly twee honde ontmoet.
Uno de ellos era un gran perro blanco procedente de la lejana y gélida región de Spitzbergen.
Een was 'n groot wit hond van die verre, ysige Spitsbergen.

Una vez navegó con un ballenero y se unió a un grupo de investigación.
Hy het eenkeer saam met 'n walvisjagter geseil en by 'n opnamegroep aangesluit.
Era amigable de una manera astuta, deshonesta y tramposa.
Hy was vriendelik op 'n slinkse, onderduimse en listige manier.
En su primera comida, robó un trozo de carne de la sartén de Buck.
By hulle eerste maaltyd het hy 'n stuk vleis uit Buck se pan gesteel.
Buck saltó para castigarlo, pero el látigo de François golpeó primero.
Buck het gespring om hom te straf, maar François se sweep het eerste getref.
El ladrón blanco gritó y Buck recuperó el hueso robado.
Die wit dief het geskree, en Buck het die gesteelde been teruggeëis.
Esa imparcialidad impresionó a Buck y François se ganó su respeto.
Daardie billikheid het Buck beïndruk, en François het sy respek verdien.
El otro perro no saludó y no quiso recibir saludos a cambio.
Die ander hond het geen groet gegee nie, en wou niks terug hê nie.
No robaba comida ni olfateaba con interés a los recién llegados.
Hy het nie kos gesteel nie, en ook nie belangstellend aan die nuwe aankomelinge geruik nie.
Este perro era sombrío y silencioso, melancólico y de movimientos lentos.
Hierdie hond was grimmig en stil, somber en stadig bewegend.
Le advirtió a Curly que se mantuviera alejada simplemente mirándola fijamente.
Hy het Curly gewaarsku om weg te bly deur haar bloot aan te staar.

Su mensaje fue claro: déjenme en paz o habrá problemas.
Sy boodskap was duidelik; los my uit, anders kom daar moeilikheid.
Se llamaba Dave y apenas se fijaba en su entorno.
Hy is Dave genoem, en hy het skaars sy omgewing opgemerk.
Dormía a menudo, comía tranquilamente y bostezaba de vez en cuando.
Hy het dikwels geslaap, stil geëet en nou en dan gegaap.

El barco zumbaba constantemente con la hélice golpeando debajo.
Die skip het aanhoudend gegons met die kloppende skroef onder.
Los días pasaron con pocos cambios, pero el clima se volvió más frío.
Dae het met min verandering verbygegaan, maar die weer het kouer geword.
Buck podía sentirlo en sus huesos y notó que los demás también lo sentían.
Buck kon dit in sy bene voel, en het opgemerk dat die ander dit ook gedoen het.
Entonces, una mañana, la hélice se detuvo y todo quedó en silencio.
Toe, een oggend, het die skroef gaan staan en alles was stil.
Una energía recorrió la nave; algo había cambiado.
'n Energie het deur die skip gespoel; iets het verander.
François bajó, les puso las correas y los trajo arriba.
François het afgekom, hulle aan leibande vasgemaak en hulle opgebring.
Buck salió y encontró el suelo suave, blanco y frío.
Buck het uitgestap en die grond sag, wit en koud gevind.
Saltó hacia atrás alarmado y resopló totalmente confundido.
Hy het ontsteld teruggespring en in totale verwarring gesnork.
Una extraña sustancia blanca caía del cielo gris.
Vreemde wit goed het uit die grys lug geval.
Se sacudió, pero los copos blancos seguían cayendo sobre él.

Hy het homself geskud, maar die wit vlokkies het aanhou op hom land.
Olió con cuidado la sustancia blanca y lamió algunos trocitos helados.
Hy het die wit goed versigtig geruik en aan 'n paar ysige stukkies gelek.
El polvo ardió como fuego y luego desapareció de su lengua.
Die poeier het soos vuur gebrand en toe dadelik van sy tong af verdwyn.
Buck lo intentó de nuevo, desconcertado por la extraña frialdad que desaparecía.
Buck het weer probeer, verward deur die vreemde verdwynende koue.
Los hombres que lo rodeaban se rieron y Buck se sintió avergonzado.
Die mans rondom hom het gelag, en Buck het verleë gevoel.
No sabía por qué, pero le avergonzaba su reacción.
Hy het nie geweet hoekom nie, maar hy was skaam oor sy reaksie.
Fue su primera experiencia con la nieve y le confundió.
Dit was sy eerste ervaring met sneeu, en dit het hom verwar.

La ley del garrote y el colmillo
Die Wet van Knub en Tand

El primer día de Buck en la playa de Dyea se sintió como una terrible pesadilla.
Buck se eerste dag op die Dyea-strand het soos 'n verskriklike nagmerrie gevoel.
Cada hora traía nuevas sorpresas y cambios inesperados para Buck.
Elke uur het nuwe skokke en onverwagte veranderinge vir Buck gebring.
Lo habían sacado de la civilización y lo habían arrojado a un caos salvaje.
Hy is uit die beskawing geruk en in wilde chaos gedompel.
Aquella no era una vida soleada y tranquila, llena de aburrimiento y descanso.
Dit was geen sonnige, lui lewe met verveeldheid en rus nie.
No había paz, ni descanso, ni momento sin peligro.
Daar was geen vrede, geen rus en geen oomblik sonder gevaar nie.
La confusión lo dominaba todo y el peligro siempre estaba cerca.
Verwarring het alles oorheers, en gevaar was altyd naby.
Buck tuvo que mantenerse alerta porque estos hombres y perros eran diferentes.
Buck moes waaksaam bly, want hierdie mans en honde was anders.
No eran de pueblos; eran salvajes y sin piedad.
Hulle was nie van dorpe afkomstig nie; hulle was wild en sonder genade.
Estos hombres y perros sólo conocían la ley del garrote y el colmillo.
Hierdie mans en honde het net die wet van knuppel en slagtand geken.
Buck nunca había visto perros pelear como estos salvajes huskies.

Buck het nog nooit honde soos hierdie wrede huskies sien baklei nie.
Su primera experiencia le enseñó una lección que nunca olvidaría.
Sy eerste ervaring het hom 'n les geleer wat hy nooit sou vergeet nie.
Tuvo suerte de que no fuera él, o habría muerto también.
Hy was gelukkig dat dit nie hy was nie, anders sou hy ook gesterf het.
Curly fue el que sufrió mientras Buck observaba y aprendía.
Krulletjie was die een wat gely het terwyl Buck gekyk en geleer het.
Habían acampado cerca de una tienda construida con troncos.
Hulle het kamp opgeslaan naby 'n winkel wat van houtblokke gebou is.
Curly intentó ser amigable con un husky grande, parecido a un lobo.
Krulletjie het probeer om vriendelik te wees teenoor 'n groot, wolfagtige husky.
El husky era más pequeño que Curly, pero parecía salvaje y malvado.
Die husky was kleiner as Curly, maar het wild en gemeen gelyk.
Sin previo aviso, saltó y le abrió el rostro.
Sonder waarskuwing het hy opgespring en haar gesig oopgesny.
Sus dientes la atravesaron desde el ojo hasta la mandíbula en un solo movimiento.
Sy tande sny in een beweging van haar oog tot by haar kakebeen.
Así era como peleaban los lobos: golpeaban rápido y saltaban.
Só het wolwe geveg—vinnig geslaan en weggespring.
Pero había mucho más que aprender de ese único ataque.
Maar daar was meer om te leer as net uit daardie een aanval.

Decenas de huskies entraron corriendo y formaron un círculo silencioso.
Dosyne husky's het ingestorm en 'n stil sirkel gemaak.
Observaron atentamente y se lamieron los labios con hambre.
Hulle het stip dopgehou en hulle lippe van honger afgelek.
Buck no entendió su silencio ni sus miradas ansiosas.
Buck het nie hulle stilte of hulle gretige oë verstaan nie.
Curly se apresuró a atacar al husky por segunda vez.
Krulletjie het gehardloop om die husky 'n tweede keer aan te val.
Él usó su pecho para derribarla con un movimiento fuerte.
Hy het sy bors gebruik om haar met 'n kragtige beweging om te gooi.
Ella cayó de lado y no pudo levantarse más.
Sy het op haar sy geval en kon nie weer opstaan nie.
Eso era lo que los demás habían estado esperando todo el tiempo.
Dit was waarvoor die ander heeltyd gewag het.
Los perros esquimales saltaron sobre ella, aullando y gruñendo frenéticamente.
Die huskies het op haar gespring, gillend en grommend in 'n waansin.
Ella gritó cuando la enterraron bajo una pila de perros.
Sy het geskree terwyl hulle haar onder 'n hoop honde begrawe het.
El ataque fue tan rápido que Buck se quedó paralizado por la sorpresa.
Die aanval was so vinnig dat Buck van skok in plek gevries het.
Vio a Spitz sacar la lengua de una manera que parecía una risa.
Hy het gesien hoe Spitz sy tong uitsteek op 'n manier wat soos 'n lag gelyk het.
François cogió un hacha y corrió directamente hacia el grupo de perros.

François het 'n byl gegryp en reguit in die groep honde ingehardloop.

Otros tres hombres usaron palos para ayudar a ahuyentar a los perros esquimales.

Drie ander mans het knuppels gebruik om die huskies weg te slaan.

En sólo dos minutos, la pelea terminó y los perros desaparecieron.

Binne net twee minute was die geveg verby en die honde was weg.

Curly yacía muerta en la nieve roja y pisoteada, con su cuerpo destrozado.

Krulletjie het dood in die rooi, vertrapte sneeu gelê, haar liggaam uitmekaar geskeur.

Un hombre de piel oscura estaba de pie sobre ella, maldiciendo la brutal escena.

'n Donkervellige man het oor haar gestaan en die wrede toneel vervloek.

El recuerdo permaneció con Buck y atormentó sus sueños por la noche.

Die herinnering het by Buck gebly en sy drome snags agtervolg.

Así era aquí: sin justicia, sin segundas oportunidades.

Dit was die manier hier; geen regverdigheid, geen tweede kans nie.

Una vez que un perro caía, los demás lo mataban sin piedad.

Sodra 'n hond geval het, sou die ander sonder genade doodmaak.

Buck decidió entonces que nunca se permitiría caer.

Buck het toe besluit dat hy homself nooit sou toelaat om te val nie.

Spitz volvió a sacar la lengua y se rió de la sangre.

Spitz het weer sy tong uitgesteek en vir die bloed gelag.

Desde ese momento, Buck odió a Spitz con todo su corazón.

Van daardie oomblik af het Buck Spitz met sy hele hart gehaat.

Antes de que Buck pudiera recuperarse de la muerte de Curly, sucedió algo nuevo.
Voordat Buck van Curly se dood kon herstel, het iets nuuts gebeur.

François se acercó y ató algo alrededor del cuerpo de Buck.
François het nader gekom en iets om Buck se lyf vasgemaak.

Era un arnés como los que usaban los caballos en el rancho.
Dit was 'n harnas soos dié wat op perde op die plaas gebruik word.

Así como Buck había visto trabajar a los caballos, ahora él también estaba obligado a trabajar.
Soos Buck perde sien werk het, moes hy nou ook werk.

Tuvo que arrastrar a François en un trineo hasta el bosque cercano.
Hy moes François op 'n slee die nabygeleë woud insleep.

Después tuvo que arrastrar una carga de leña pesada.
Toe moes hy 'n vrag swaar brandhout terugtrek.

Buck era orgulloso, por eso le dolía que lo trataran como a un animal de trabajo.
Buck was trots, so dit het hom seergemaak om soos 'n werkdier behandel te word.

Pero él era sabio y no intentó luchar contra la nueva situación.
Maar hy was wys en het nie probeer om die nuwe situasie te beveg nie.

Aceptó su nueva vida y dio lo mejor de sí en cada tarea.
Hy het sy nuwe lewe aanvaar en sy beste in elke taak gegee.

Todo en la obra le resultaba extraño y desconocido.
Alles omtrent die werk was vir hom vreemd en onbekend.

Francisco era estricto y exigía obediencia sin demora.
François was streng en het sonder versuim gehoorsaamheid geëis.

Su látigo garantizaba que cada orden fuera seguida al instante.
Sy sweep het verseker dat elke bevel gelyktydig gevolg is.

Dave era el que conducía el trineo, el perro que estaba más cerca de él, detrás de Buck.

Dave was die wielbestuurder, die hond naaste aan die slee agter Buck.

Dave mordió a Buck en las patas traseras si cometía un error.

Dave het Buck aan die agterpote gebyt as hy 'n fout gemaak het.

Spitz era el perro líder, hábil y experimentado en su función.

Spitz was die leidhond, bekwaam en ervare in die rol.

Spitz no pudo alcanzar a Buck fácilmente, pero aún así lo corrigió.

Spitz kon Buck nie maklik bereik nie, maar het hom steeds reggehelp.

Gruñó con dureza o tiró del trineo de maneras que le enseñaron a Buck.

Hy het hard gegrom of die slee getrek op maniere wat Buck geleer het.

Con este entrenamiento, Buck aprendió más rápido de lo que cualquiera de ellos esperaba.

Onder hierdie opleiding het Buck vinniger geleer as wat enigeen van hulle verwag het.

Trabajó duro y aprendió tanto de François como de los otros perros.

Hy het hard gewerk en by beide François en die ander honde geleer.

Cuando regresaron, Buck ya conocía los comandos clave.

Teen die tyd dat hulle teruggekeer het, het Buck reeds die sleutelbevele geken.

Aprendió a detenerse al oír la palabra "ho" gracias a François.

Hy het geleer om te stop by die klank van "ho" van François.

Aprendió cuando tenía que tirar del trineo y correr.

Hy het geleer wanneer hy die slee moes trek en hardloop.

Aprendió a girar abiertamente en las curvas del camino sin problemas.

Hy het geleer om sonder probleme wyd te draai by draaie in die roete.

También aprendió a evitar a Dave cuando el trineo descendía rápidamente.

Hy het ook geleer om Dave te vermy wanneer die slee vinnig afdraand gegaan het.

"Son perros muy buenos", le dijo orgulloso François a Perrault.
"Hulle is baie goeie honde," het François trots vir Perrault gesê.

"Ese Buck tira como un demonio. Le enseño rapidísimo".
"Daardie Buck trek soos die hel — ek leer hom so vinnig as enigiets."

Más tarde ese día, Perrault regresó con dos perros husky más.
Later daardie dag het Perrault teruggekom met nog twee husky honde.

Se llamaban Billee y Joe y eran hermanos.
Hulle name was Billee en Joe, en hulle was broers.

Venían de la misma madre, pero no se parecían en nada.
Hulle het van dieselfde moeder gekom, maar was glad nie eenders nie.

Billee era de carácter dulce y muy amigable con todos.
Billee was goedhartig en te vriendelik met almal.

Joe era todo lo contrario: tranquilo, enojado y siempre gruñendo.
Joe was die teenoorgestelde — stil, kwaad en altyd grommend.

Buck los saludó de manera amigable y se mostró tranquilo con ambos.
Buck het hulle vriendelik gegroet en was kalm met albei.

Dave no les prestó atención y permaneció en silencio como siempre.
Dave het geen aandag aan hulle geskenk nie en soos gewoonlik stilgebly.

Spitz atacó primero a Billee, luego a Joe, para demostrar su dominio.
Spitz het eers Billee, toe Joe, aangeval om sy oorheersing te toon.

Billee movió la cola y trató de ser amigable con Spitz.

Billee het sy stert geswaai en probeer om vriendelik teenoor Spitz te wees.
Cuando eso no funcionó, intentó huir.
Toe dit nie werk nie, het hy eerder probeer weghardloop.
Lloró tristemente cuando Spitz lo mordió fuerte en el costado.
Hy het hartseer gehuil toe Spitz hom hard aan die sy gebyt het.
Pero Joe era muy diferente y se negaba a dejarse intimidar.
Maar Joe was baie anders en het geweier om geboelie te word.
Cada vez que Spitz se acercaba, Joe giraba rápidamente para enfrentarlo.
Elke keer as Spitz naby gekom het, het Joe vinnig omgedraai om hom in die gesig te staar.
Su pelaje se erizó, sus labios se curvaron y sus dientes chasquearon salvajemente.
Sy pels het geborsel, sy lippe het gekrul, en sy tande het wild geknap.
Los ojos de Joe brillaron de miedo y rabia, desafiando a Spitz a atacar.
Joe se oë het geglans van vrees en woede en Spitz uitgedaag om toe te slaan.
Spitz abandonó la lucha y se alejó, humillado y enojado.
Spitz het die geveg opgegee en weggedraai, verneder en kwaad.
Descargó su frustración en el pobre Billee y lo ahuyentó.
Hy het sy frustrasie op arme Billee uitgehaal en hom weggejaag.
Esa noche, Perrault añadió un perro más al equipo.
Daardie aand het Perrault nog 'n hond by die span gevoeg.
Este perro era viejo, delgado y cubierto de cicatrices de batalla.
Hierdie hond was oud, maer en bedek met oorlogslittekens.
Le faltaba un ojo, pero el otro brillaba con poder.
Een van sy oë was afwesig, maar die ander een het met krag geflits.

El nombre del nuevo perro era Solleks, que significaba "el enojado".
Die nuwe hond se naam was Solleks, wat die Kwaai Een beteken het.

Al igual que Dave, Solleks no pidió nada a los demás y no dio nada a cambio.
Soos Dave, het Solleks niks van ander gevra nie, en niks teruggegee nie.

Cuando Solleks entró lentamente al campamento, incluso Spitz se mantuvo alejado.
Toe Solleks stadig die kamp binnestap, het selfs Spitz weggebly.

Tenía un hábito extraño que Buck tuvo la mala suerte de descubrir.
Hy het 'n vreemde gewoonte gehad wat Buck ongelukkig was om te ontdek.

A Solleks le disgustaba que se acercaran a él por el lado donde estaba ciego.
Solleks het dit gehaat om benader te word aan die kant waar hy blind was.

Buck no sabía esto y cometió ese error por accidente.
Buck het dit nie geweet nie en het daardie fout per ongeluk gemaak.

Solleks se dio la vuelta y cortó el hombro de Buck profunda y rápidamente.
Solleks het omgedraai en Buck se skouer diep en vinnig gesny.

A partir de ese momento, Buck nunca se acercó al lado ciego de Solleks.
Van daardie oomblik af het Buck nooit naby Solleks se blindekant gekom nie.

Nunca volvieron a tener problemas durante el resto del tiempo que estuvieron juntos.
Hulle het nooit weer probleme gehad vir die res van hul tyd saam nie.

Solleks sólo quería que lo dejaran solo, como el tranquilo Dave.
Solleks wou net alleen gelaat word, soos stil Dave.

Pero Buck se enteraría más tarde de que cada uno tenía otro objetivo secreto.
Maar Buck sou later uitvind dat hulle elkeen 'n ander geheime doelwit gehad het.
Esa noche, Buck se enfrentó a un nuevo y preocupante desafío: cómo dormir.
Daardie nag het Buck 'n nuwe en ontstellende uitdaging in die gesig gestaar—hoe om te slaap.
La tienda brillaba cálidamente con la luz de las velas en el campo nevado.
Die tent het warm gegloei met kerslig in die sneeubedekte veld.
Buck entró, pensando que podría descansar allí como antes.
Buck het binnetoe geloop en gedink hy kon daar rus soos voorheen.
Pero Perrault y François le gritaron y le lanzaron sartenes.
Maar Perrault en François het na hom geskree en panne gegooi.
Sorprendido y confundido, Buck corrió hacia el frío helado.
Geskok en verward het Buck die ysige koue in gehardloop.
Un viento amargo le azotó el hombro herido y le congeló las patas.
'n Bitter wind het sy gewonde skouer gesteek en sy pote gevries.
Se tumbó en la nieve y trató de dormir al aire libre.
Hy het in die sneeu gaan lê en probeer om in die oopte te slaap.
Pero el frío pronto le obligó a levantarse de nuevo, temblando mucho.
Maar die koue het hom gou gedwing om weer op te staan, terwyl hy erg bewerig was.
Deambuló por el campamento intentando encontrar un lugar más cálido.
Hy het deur die kamp gedwaal en probeer om 'n warmer plek te vind.
Pero cada rincón estaba tan frío como el anterior.
Maar elke hoekie was net so koud soos die vorige een.

A veces, perros salvajes saltaban sobre él desde la oscuridad.
Soms het wilde honde vanuit die donkerte op hom gespring.
Buck erizó su pelaje, mostró los dientes y gruñó en señal de advertencia.
Buck het sy pels geborsel, sy tande ontbloot en waarskuwend gegrom.
Estaba aprendiendo rápido y los otros perros se alejaban rápidamente.
Hy het vinnig geleer, en die ander honde het vinnig teruggedeins.
Aún así, no tenía dónde dormir ni idea de qué hacer.
Tog het hy geen plek gehad om te slaap nie, en geen idee wat om te doen nie.
Por fin se le ocurrió una idea: ver cómo estaban sus compañeros de equipo.
Uiteindelik het 'n gedagte by hom opgekom—kyk na sy spanmaats.
Regresó a su zona y se sorprendió al descubrir que habían desaparecido.
Hy het na hul gebied teruggekeer en was verbaas om te sien dat hulle weg is.
Nuevamente buscó por todo el campamento, pero todavía no pudo encontrarlos.
Weer het hy die kamp deursoek, maar kon hulle steeds nie vind nie.
Sabía que ellos no podían estar en la tienda, o él también lo estaría.
Hy het geweet hulle kon nie in die tent wees nie, anders sou hy ook wees.
Entonces ¿a dónde se habían ido todos los perros en este campamento helado?
So waarheen het al die honde in hierdie bevrore kamp gegaan?
Buck, frío y miserable, caminó lentamente alrededor de la tienda.
Buck, koud en ellendig, het stadig om die tent gesirkel.

De repente, sus patas delanteras se hundieron en la nieve blanda y lo sobresaltó.
Skielik het sy voorpote in die sagte sneeu gesink en hom laat skrik.

Algo se movió bajo sus pies y saltó hacia atrás asustado.
Iets het onder sy voete gewriemel, en hy het van vrees agteroor gespring.

Gruñó y rugió sin saber qué había debajo de la nieve.
Hy het gegrom en gegrom, sonder om te weet wat onder die sneeu lê.

Entonces oyó un ladrido amistoso que alivió su miedo.
Toe hoor hy 'n vriendelike klein geblaf wat sy vrees verlig het.

Olfateó el aire y se acercó para ver qué estaba oculto.
Hy het die lug gesnuif en nader gekom om te sien wat versteek was.

Bajo la nieve, acurrucada en una bola cálida, estaba la pequeña Billee.
Onder die sneeu, opgerol in 'n warm bal, was klein Billee.

Billee movió la cola y lamió la cara de Buck para saludarlo.
Billee het sy stert geswaai en Buck se gesig gelek om hom te groet.

Buck vio cómo Billee había hecho un lugar para dormir en la nieve.
Buck het gesien hoe Billee 'n slaapplek in die sneeu gemaak het.

Había cavado y usado su propio calor para mantenerse caliente.
Hy het afgegrawe en sy eie hitte gebruik om warm te bly.

Buck había aprendido otra lección: así era como dormían los perros.
Buck het nog 'n les geleer — só het die honde geslaap.

Eligió un lugar y comenzó a cavar su propio hoyo en la nieve.
Hy het 'n plek gekies en sy eie gat in die sneeu begin grawe.

Al principio, se movía demasiado y desperdiciaba energía.
Aanvanklik het hy te veel rondbeweeg en energie vermors.

Pero pronto su cuerpo calentó el espacio y se sintió seguro.

Maar gou het sy liggaam die ruimte warm gemaak, en hy het veilig gevoel.
Se acurrucó fuertemente y al poco tiempo estaba profundamente dormido.
Hy het styf opgerol, en kort voor lank was hy vas aan die slaap.
El día había sido largo y duro, y Buck estaba exhausto.
Die dag was lank en moeilik, en Buck was uitgeput.
Durmió profundamente y cómodamente, aunque sus sueños fueron salvajes.
Hy het diep en gemaklik geslaap, alhoewel sy drome wild was.
Gruñó y ladró mientras dormía, retorciéndose mientras soñaba.
Hy het in sy slaap gegrom en geblaf, en gedraai terwyl hy gedroom het.

Buck no se despertó hasta que el campamento ya estaba cobrando vida.
Buck het nie wakker geword voordat die kamp reeds tot lewe gekom het nie.
Al principio, no sabía dónde estaba ni qué había sucedido.
Aanvanklik het hy nie geweet waar hy was of wat gebeur het nie.
Había nevado durante la noche y había enterrado completamente su cuerpo.
Sneeu het oornag geval en sy liggaam heeltemal begrawe.
La nieve lo apretaba por todos lados.
Die sneeu het om hom vasgedruk, styf aan alle kante.
De repente, una ola de miedo recorrió todo el cuerpo de Buck.
Skielik het 'n vlaag van vrees deur Buck se hele liggaam gejaag.
Era el miedo a quedar atrapado, un miedo que provenía de instintos profundos.
Dit was die vrees om vasgevang te word, 'n vrees uit diep instinkte.

Aunque nunca había visto una trampa, el miedo vivía dentro de él.
Alhoewel hy nog nooit 'n lokval gesien het nie, het die vrees binne-in hom geleef.
Era un perro domesticado, pero ahora sus viejos instintos salvajes estaban despertando.
Hy was 'n mak hond, maar nou het sy ou wilde instinkte wakker geword.
Los músculos de Buck se tensaron y se le erizó el pelaje por toda la espalda.
Buck se spiere het gespanne geraak, en sy pels het oor sy hele rug regop gestaan.
Gruñó ferozmente y saltó hacia arriba a través de la nieve.
Hy het woes gegrom en reguit deur die sneeu gespring.
La nieve voló en todas direcciones cuando estalló la luz del día.
Sneeu het in alle rigtings gevlieg toe hy in die daglig uitbars.
Incluso antes de aterrizar, Buck vio el campamento extendido ante él.
Selfs voor landing het Buck die kamp voor hom sien uitsprei.
Recordó todo del día anterior, de repente.
Hy het alles van die vorige dag tegelyk onthou.
Recordó pasear con Manuel y terminar en ese lugar.
Hy het onthou hoe hy saam met Manuel gestap het en op hierdie plek beland het.
Recordó haber cavado el hoyo y haberse quedado dormido en el frío.
Hy het onthou hoe hy die gat gegrawe en in die koue aan die slaap geraak het.
Ahora estaba despierto y el mundo salvaje que lo rodeaba estaba claro.
Nou was hy wakker, en die wilde wêreld rondom hom was helder.
Un grito de François saludó la repentina aparición de Buck.
'n Geroep van François het Buck se skielike verskyning begroet.

—¿Qué te dije? —gritó en voz alta el conductor del perro a Perrault.
"Wat het ek gesê?" het die hondebestuurder hard vir Perrault geskree.
"Ese Buck sin duda aprende muy rápido", añadió François.
"Daardie Buck leer verseker so vinnig soos enigiets anders," het François bygevoeg.
Perrault asintió gravemente, claramente satisfecho con el resultado.
Perrault het ernstig geknik, duidelik tevrede met die resultaat.
Como mensajero del gobierno canadiense, transportaba despachos.
As 'n koerier vir die Kanadese regering het hy versendings vervoer.
Estaba ansioso por encontrar los mejores perros para su importante misión.
Hy was gretig om die beste honde vir sy belangrike sending te vind.
Se sintió especialmente complacido ahora que Buck era parte del equipo.
Hy was veral bly nou dat Buck deel van die span was.
Se agregaron tres huskies más al equipo en una hora.
Drie verdere huskies is binne 'n uur by die span gevoeg.
Eso elevó el número total de perros en el equipo a nueve.
Dit het die totale aantal honde in die span op nege te staan gebring.
En quince minutos todos los perros estaban en sus arneses.
Binne vyftien minute was al die honde in hul harnasse.
El equipo de trineos avanzaba por el sendero hacia Dyea Cañón.
Die sleespan het die paadjie opgeswaai in die rigting van Dyea Cañon.
Buck se sintió contento de partir, incluso si el trabajo que tenía por delante era duro.
Buck was bly om te vertrek, selfs al was die werk wat voorlê moeilik.

Descubrió que no despreciaba especialmente el trabajo ni el frío.
Hy het gevind dat hy die arbeid of die koue nie besonder verag het nie.
Le sorprendió el entusiasmo que llenaba a todo el equipo.
Hy was verbaas deur die gretigheid wat die hele span gevul het.
Aún más sorprendente fue el cambio que se produjo en Dave y Solleks.
Nog meer verrassend was die verandering wat oor Dave en Solleks gekom het.
Estos dos perros eran completamente diferentes cuando estaban enjaezados.
Hierdie twee honde was heeltemal verskillend toe hulle getuig was.
Su pasividad y falta de preocupación habían desaparecido por completo.
Hul passiwiteit en gebrek aan besorgdheid het heeltemal verdwyn.
Estaban alertas y activos, y ansiosos por hacer bien su trabajo.
Hulle was wakker en aktief, en gretig om hul werk goed te doen.
Se irritaban ferozmente ante cualquier cosa que causara retraso o confusión.
Hulle het hewig geïrriteerd geraak oor enigiets wat vertraging of verwarring veroorsaak het.
El duro trabajo en las riendas era el centro de todo su ser.
Die harde werk aan die teuels was die middelpunt van hulle hele wese.
Tirar del trineo parecía ser lo único que realmente disfrutaban.
Slee trek was blykbaar die enigste ding wat hulle werklik geniet het.
Dave estaba en la parte de atrás del grupo, más cerca del trineo.
Dave was agter in die groep, naaste aan die slee self.

Buck fue colocado delante de Dave, y Solleks se adelantó a Buck.
Buck is voor Dave geplaas, en Solleks het voor Buck getrek.
El resto de los perros estaban dispersos adelante, en una sola fila.
Die res van die honde was in 'n enkele ry vooruit uitgespan.
La posición de cabeza en la parte delantera quedó ocupada por Spitz.
Die voorste posisie aan die voorpunt is deur Spitz gevul.
Buck había sido colocado entre Dave y Solleks para recibir instrucción.
Buck is tussen Dave en Solleks geplaas vir instruksie.
Él aprendía rápido y sus profesores eran firmes y capaces.
Hy was 'n vinnige leerder, en hulle was ferm en bekwame onderwysers.
Nunca permitieron que Buck permaneciera en el error por mucho tiempo.
Hulle het Buck nooit lank in die foute laat bly nie.
Enseñaron sus lecciones con dientes afilados cuando era necesario.
Hulle het hul lesse met skerp tande geleer wanneer nodig.
Dave era justo y mostraba un tipo de sabiduría tranquila y seria.
Dave was regverdig en het 'n stil, ernstige soort wysheid getoon.
Él nunca mordió a Buck sin una buena razón para hacerlo.
Hy het Buck nooit gebyt sonder 'n goeie rede daarvoor nie.
Pero nunca dejó de morder cuando Buck necesitaba corrección.
Maar hy het nooit versuim om te byt wanneer Buck regstelling nodig gehad het nie.
El látigo de Francisco estaba siempre listo y respaldaba su autoridad.
François se sweep was altyd gereed en het hul gesag ondersteun.
Buck pronto descubrió que era mejor obedecer que defenderse.

Buck het gou gevind dat dit beter was om te gehoorsaam as om terug te veg.

Una vez, durante un breve descanso, Buck se enredó en las riendas.

Eenkeer, tydens 'n kort ruskans, het Buck in die teuels verstrengel geraak.

Retrasó el inicio y confundió los movimientos del equipo.

Hy het die begin vertraag en die span se beweging verwar.

Dave y Solleks se abalanzaron sobre él y le dieron una paliza brutal.

Dave en Solleks het op hom afgestorm en hom 'n growwe pak slae gegee.

El enredo sólo empeoró, pero Buck aprendió bien la lección.

Die deurmekaarspul het net erger geword, maar Buck het sy les goed geleer.

A partir de entonces, mantuvo las riendas tensas y trabajó con cuidado.

Van toe af het hy die leisels styf gehou en versigtig gewerk.

Antes de que terminara el día, Buck había dominado gran parte de su tarea.

Voor die einde van die dag het Buck baie van sy taak bemeester.

Sus compañeros casi dejaron de corregirlo y morderlo.

Sy spanmaats het amper opgehou om hom te korrigeer of te byt.

El látigo de François resonaba cada vez con menos frecuencia en el aire.

François se sweep het al hoe minder gereeld deur die lug gekraak.

Perrault incluso levantó los pies de Buck y examinó cuidadosamente cada pata.

Perrault het selfs Buck se voete opgelig en elke poot noukeurig ondersoek.

Había sido un día de carrera duro, largo y agotador para todos ellos.

Dit was 'n harde dag se hardloop, lank en uitputtend vir hulle almal.

Viajaron por el Cañón, atravesando Sheep Camp y pasando por Scales.
Hulle het met die Cañon opgereis, deur Skaapkamp en verby die Skale.
Cruzaron la línea de árboles, luego glaciares y bancos de nieve de muchos metros de profundidad.
Hulle het die houtgrens oorgesteek, toe gletsers en sneeudrifte baie voet diep.
Escalaron la gran, fría y prohibitiva divisoria de Chilkoot.
Hulle het die groot koue en verskriklike Chilkoot-kloof geklim.
Esa alta cresta se encontraba entre el agua salada y el interior helado.
Daardie hoë rant het tussen soutwater en die bevrore binneland gestaan.
Las montañas custodiaban con hielo y empinadas subidas el triste y solitario Norte.
Die berge het die droewige en eensame Noorde met ys en steil klimme bewaak.
Avanzaron a buen ritmo por una larga cadena de lagos debajo de la divisoria.
Hulle het goeie tyd gemaak deur 'n lang ketting mere onder die kloof.
Esos lagos llenaban los antiguos cráteres de volcanes extintos.
Daardie mere het die antieke kraters van uitgedoofde vulkane gevul.
Tarde esa noche, llegaron a un gran campamento en el lago Bennett.
Laat daardie nag het hulle 'n groot kamp by Lake Bennett bereik.
Miles de buscadores de oro estaban allí, construyendo barcos para la primavera.
Duisende goudsoekers was daar, besig om bote vir die lente te bou.
El hielo se rompería pronto y tenían que estar preparados.
Die ys sou binnekort opbreek, en hulle moes gereed wees.

Buck cavó su hoyo en la nieve y cayó en un sueño profundo.
Buck het sy gat in die sneeu gegrawe en in 'n diep slaap geval.
Durmió como un trabajador, exhausto por la dura jornada de trabajo.
Hy het geslaap soos 'n werkende man, uitgeput van die strawwe dag van swoeg.
Pero demasiado pronto, en la oscuridad, fue sacado del sueño.
Maar te vroeg in die donkerte is hy uit die slaap gesleep.
Fue enganchado nuevamente con sus compañeros y sujeto al trineo.
Hy is weer saam met sy maats vasgespan en aan die slee vasgemaak.
Aquel día hicieron cuarenta millas, porque la nieve estaba muy pisoteada.
Daardie dag het hulle veertig myl afgelê, want die sneeu was goed getrap.
Al día siguiente, y durante muchos días más, la nieve estaba blanda.
Die volgende dag, en vir baie dae daarna, was die sneeu sag.
Tuvieron que hacer el camino ellos mismos, trabajando más duro y moviéndose más lento.
Hulle moes self die pad maak, harder werk en stadiger beweeg.
Por lo general, Perrault caminaba delante del equipo con raquetas de nieve palmeadas.
Gewoonlik het Perrault voor die span geloop met sneeuskoene met webbe.
Sus pasos compactaron la nieve, facilitando el movimiento del trineo.
Sy treë het die sneeu vasgepak, wat dit vir die slee makliker gemaak het om te beweeg.
François, que dirigía el barco desde la dirección, a veces tomaba el relevo.
François, wat van die gee-paal af gestuur het, het soms oorgeneem.
Pero era raro que François tomara la iniciativa.

Maar dit was seldsaam dat François die leiding geneem het
porque Perrault tenía prisa por entregar las cartas y los
paquetes.
omdat Perrault haastig was om die briewe en pakkies af te lewer.
Perrault estaba orgulloso de su conocimiento de la nieve, y
especialmente del hielo.
Perrault was trots op sy kennis van sneeu, en veral ys.
Ese conocimiento era esencial porque el hielo en otoño era
peligrosamente delgado.
Daardie kennis was noodsaaklik, want herfsys was gevaarlik dun.
Allí donde el agua fluía rápidamente bajo la superficie, no
había hielo en absoluto.
Waar water vinnig onder die oppervlak gevloei het, was daar glad nie ys nie.

Día tras día, la misma rutina se repetía sin fin.
Dag na dag, dieselfde roetine herhaal sonder einde.
Buck trabajó incansablemente en las riendas desde el
amanecer hasta la noche.
Buck het eindeloos in die leisels geswoeg van dagbreek tot nag.
Abandonaron el campamento en la oscuridad, mucho antes
de que saliera el sol.
Hulle het die kamp in die donker verlaat, lank voor die son opgekom het.
Cuando amaneció, ya habían recorrido muchos kilómetros.
Teen die tyd dat daglig aangebreek het, was baie kilometers reeds agter hulle.
Acamparon después del anochecer, comieron pescado y
excavaron en la nieve.
Hulle het ná donker kamp opgeslaan, vis geëet en in die sneeu gegrawe.
Buck siempre tenía hambre y nunca estaba realmente
satisfecho con su ración.

Buck was altyd honger en nooit werklik tevrede met sy rantsoen nie.

Recibía una libra y media de salmón seco cada día.

Hy het elke dag 'n pond en 'n half gedroogde salm ontvang.

Pero la comida parecía desaparecer dentro de él, dejando atrás el hambre.

Maar die kos het binne-in hom verdwyn en die honger agtergelaat.

Sufría constantes dolores de hambre y soñaba con más comida.

Hy het aan voortdurende hongerpyne gely en van meer kos gedroom.

Los otros perros sólo ganaron una libra, pero se mantuvieron fuertes.

Die ander honde het net een pond kos gekry, maar hulle het sterk gebly.

Eran más pequeños y habían nacido en la vida del norte.

Hulle was kleiner, en was in die noordelike lewe gebore.

Perdió rápidamente la meticulosidad que había caracterizado su antigua vida.

Hy het vinnig die noukeurigheid verloor wat sy ou lewe gekenmerk het.

Había sido un comensal delicado, pero ahora eso ya no era posible.

Hy was 'n fyn eter, maar nou was dit nie meer moontlik nie.

Sus compañeros terminaron primero y le robaron su ración sobrante.

Sy maats het eerste klaargemaak en hom van sy onvoltooide rantsoen beroof.

Una vez que empezaron, no había forma de defender su comida de ellos.

Toe hulle eers begin het, was daar geen manier om sy kos teen hulle te verdedig nie.

Mientras él luchaba contra dos o tres perros, los otros le robaron el resto.

Terwyl hy twee of drie honde afgeweer het, het die ander die res gesteel.

Para solucionar esto, comenzó a comer tan rápido como los demás.
Om dit reg te stel, het hy so vinnig begin eet soos die ander geëet het.

El hambre lo empujó tan fuerte que incluso tomó comida que no era suya.
Honger het hom so gedryf dat hy selfs kos geneem het wat nie sy eie was nie.

Observó a los demás y aprendió rápidamente de sus acciones.
Hy het die ander dopgehou en vinnig uit hul optrede geleer.

Vio a Pike, un perro nuevo, robarle una rebanada de tocino a Perrault.
Hy het gesien hoe Pike, 'n nuwe hond, 'n sny spek van Perrault steel.

Pike había esperado hasta que Perrault se dio la espalda para robarle el tocino.
Pike het gewag totdat Perrault se rug gedraai is om die spek te steel.

Al día siguiente, Buck copió a Pike y robó todo el trozo.
Die volgende dag het Buck Pike nageboots en die hele stuk gesteel.

Se produjo un gran alboroto, pero no se sospechó de Buck.
'n Groot oproer het gevolg, maar Buck is nie verdink nie.

Dub, un perro torpe que siempre era atrapado, fue castigado.
Dub, 'n lomp hond wat altyd gevang is, is eerder gestraf.

Ese primer robo marcó a Buck como un perro apto para sobrevivir en el Norte.
Daardie eerste diefstal het Buck gemerk as 'n hond wat geskik is om die Noorde te oorleef.

Demostró que podía adaptarse a nuevas condiciones y aprender rápidamente.
Hy het gewys dat hy by nuwe omstandighede kan aanpas en vinnig kan leer.

Sin esa adaptabilidad, habría muerto rápida y gravemente.
Sonder sulke aanpasbaarheid sou hy vinnig en sleg gesterf het.

También marcó el colapso de su naturaleza moral y de sus valores pasados.
Dit het ook die ineenstorting van sy morele aard en vorige waardes gemerk.

En el Sur, había vivido bajo la ley del amor y la bondad.
In die Suidland het hy onder die wet van liefde en vriendelikheid geleef.

Allí tenía sentido respetar la propiedad y los sentimientos de los otros perros.
Daar het dit sin gemaak om eiendom en ander honde se gevoelens te respekteer.

Pero en el Norte se aplicaba la ley del garrote y la ley del colmillo.
Maar die Noordland het die wet van die knuppel en die wet van die slagtand gevolg.

Quienquiera que respetara los viejos valores aquí sería un tonto y fracasaría.
Wie ook al ou waardes hier gerespekteer het, was dwaas en sou misluk.

Buck no razonó todo esto en su mente.
Buck het dit alles nie in sy gedagtes uitgeredeneer nie.

Estaba en forma y se adaptó sin necesidad de pensar.
Hy was fiks, en daarom het hy aangepas sonder om te hoef te dink.

Durante toda su vida, nunca había huido de una pelea.
Sy hele lewe lank het hy nog nooit van 'n geveg weggehardloop nie.

Pero el garrote de madera del hombre del suéter rojo cambió esa regla.
Maar die houtknuppel van die man in die rooi trui het daardie reël verander.

Ahora seguía un código más profundo y antiguo escrito en su ser.
Nou het hy 'n dieper, ouer kode gevolg wat in sy wese geskryf was.

No robó por placer sino por el dolor del hambre.

Hy het nie uit plesier gesteel nie, maar uit die pyn van die honger.
Él nunca robaba abiertamente, sino que hurtaba con astucia y cuidado.
Hy het nooit openlik beroof nie, maar met slinksheid en sorg gesteel.
Actuó por respeto al garrote de madera y por miedo al colmillo.
Hy het opgetree uit respek vir die houtknuppel en vrees vir die slagtand.
En resumen, hizo lo que era más fácil y seguro que no hacerlo.
Kortom, hy het gedoen wat makliker en veiliger was as om dit nie te doen nie.
Su desarrollo —o quizás su regreso a los viejos instintos— fue rápido.
Sy ontwikkeling—of miskien sy terugkeer na ou instinkte—was vinnig.
Sus músculos se endurecieron hasta sentirse tan fuertes como el hierro.
Sy spiere het verhard totdat hulle so sterk soos yster gevoel het.
Ya no le importaba el dolor, a menos que fuera grave.
Hy het nie meer omgegee vir pyn nie, tensy dit ernstig was.
Se volvió eficiente por dentro y por fuera, sin desperdiciar nada.
Hy het van binne en van buite doeltreffend geword en glad niks vermors nie.
Podía comer cosas viles, podridas o difíciles de digerir.
Hy kon dinge eet wat afstootlik, vrot of moeilik verteerbaar was.
Todo lo que comía, su estómago aprovechaba hasta el último vestigio de valor.
Wat hy ook al geëet het, sy maag het elke laaste bietjie waarde gebruik.
Su sangre transportaba los nutrientes a través de su poderoso cuerpo.

Sy bloed het die voedingstowwe ver deur sy kragtige liggaam gedra.
Esto creó tejidos fuertes que le dieron una resistencia increíble.
Dit het sterk weefsel gebou wat hom ongelooflike uithouvermoë gegee het.
Su vista y su olfato se volvieron mucho más sensibles que antes.
Sy sig en reuk het baie meer sensitief geword as voorheen.
Su audición se agudizó tanto que podía detectar sonidos débiles durante el sueño.
Sy gehoor het so skerp geword dat hy dowwe geluide in sy slaap kon opspoor.
Sabía en sueños si los sonidos significaban seguridad o peligro.
Hy het in sy drome geweet of die geluide veiligheid of gevaar beteken het.
Aprendió a morder el hielo entre los dedos de los pies con los dientes.
Hy het geleer om die ys tussen sy tone met sy tande te byt.
Si un charco de agua se congelaba, rompía el hielo con las piernas.
As 'n watergat toevries, sou hy die ys met sy bene breek.
Se encabritó y golpeó con fuerza el hielo con sus rígidas patas delanteras.
Hy het orent gekom en die ys hard met stywe voorpote geslaan.
Su habilidad más sorprendente era predecir los cambios del viento durante la noche.
Sy mees opvallende vermoë was om windveranderinge oornag te voorspel.
Incluso cuando el aire estaba quieto, elegía lugares protegidos del viento.
Selfs toe die lug stil was, het hy plekke gekies wat teen die wind beskut was.
Dondequiera que cavaba su nido, el viento del día siguiente lo pasaba de largo.

Waar hy ook al sy nes gegrawe het, het die volgende dag se wind hom verbygewaai.
Siempre acababa abrigado y protegido, a sotavento de la brisa.
Hy het altyd knus en beskermd geëindig, aan die lykkant van die briesie.
Buck no sólo aprendió con la experiencia: sus instintos también regresaron.
Buck het nie net deur ondervinding geleer nie — sy instinkte het ook teruggekeer.
Los hábitos de las generaciones domesticadas comenzaron a desaparecer.
Die gewoontes van makgemaakte geslagte het begin wegval.
De manera vaga, recordaba los tiempos antiguos de su raza.
Op vae maniere het hy die antieke tye van sy ras onthou.
Recordó cuando los perros salvajes corrían en manadas por los bosques.
Hy het teruggedink aan toe wildehonde in troppe deur woude gehardloop het.
Habían perseguido y matado a su presa mientras la perseguían.
Hulle het hul prooi gejaag en doodgemaak terwyl hulle dit afgejaag het.
Para Buck fue fácil aprender a pelear con dientes y velocidad.
Dit was maklik vir Buck om te leer hoe om met tand en spoed te veg.
Utilizaba cortes, tajos y chasquidos rápidos igual que sus antepasados.
Hy het snye, houe en vinnige knape gebruik, net soos sy voorouers.
Aquellos antepasados se agitaron dentro de él y despertaron su naturaleza salvaje.
Daardie voorouers het in hom geroer en sy wilde natuur wakker gemaak.
Sus antiguas habilidades habían pasado a él a través de la línea de sangre.

Hul ou vaardighede het deur die bloedlyn in hom oorgedra.
Sus trucos ahora eran suyos, sin necesidad de práctica ni esfuerzo.
Hul truuks was nou syne, sonder enige oefening of moeite.

En las noches frías y quietas, Buck levantaba la nariz y aullaba.
Op stil, koue nagte het Buck sy neus opgelig en gehuil.
Aulló largo y profundamente, como lo hacían los lobos antaño.
Hy het lank en diep gehuil, soos wolwe lank gelede gedoen het.
A través de él, sus antepasados muertos apuntaron sus narices y aullaron.
Deur hom het sy oorlede voorouers hul neuse gewys en gehuil.
Aullaron a través de los siglos con su voz y su forma.
Hulle het deur die eeue heen gehuil in sy stem en gedaante.
Sus cadencias eran las de ellos, viejos gritos que hablaban de dolor y frío.
Sy kadense was hulle s'n, ou uitroepe wat van hartseer en koue vertel het.
Cantaron sobre la oscuridad, el hambre y el significado del invierno.
Hulle het gesing van duisternis, van honger en die betekenis van die winter.
Buck demostró cómo la vida está determinada por fuerzas ajenas a uno mismo.
Buck het bewys hoe die lewe gevorm word deur kragte buite jouself,
La antigua canción se elevó a través de Buck y se apoderó de su alma.
die antieke lied het deur Buck opgestaan en sy siel beetgepak.
Se encontró a sí mismo porque los hombres habían encontrado oro en el Norte.
Hy het homself gevind omdat mans goud in die Noorde gevind het.

Y se encontró porque Manuel, el ayudante del jardinero, necesitaba dinero.
En hy het homself bevind omdat Manuel, die tuinier se helper, geld nodig gehad het.

La Bestia Primordial Dominante
Die Dominante Oerdier

La bestia primordial dominante era tan fuerte como siempre en Buck.
Die dominante oerbeest was so sterk soos altyd in Buck.
Pero la bestia primordial dominante yacía latente en él.
Maar die dominante oerdier het dormant in hom gelê.
La vida en el camino era dura, pero fortalecía a la bestia que Buck llevaba dentro.
Die lewe op die roete was hard, maar dit het die dier binne Buck versterk.
En secreto, la bestia se hacía cada día más fuerte.
In die geheim het die dier elke dag sterker en sterker geword.
Pero ese crecimiento interior permaneció oculto para el mundo exterior.
Maar daardie innerlike groei het vir die buitewêreld verborge gebly.
Una fuerza primordial, tranquila y calmada se estaba construyendo dentro de Buck.
'n Stil en kalm oerkrag was besig om binne-in Buck op te bou.
Una nueva astucia le proporcionó a Buck equilibrio, calma, control y aplomo.
Nuwe listigheid het Buck balans, kalmte en beheersing gegee.
Buck se concentró mucho en adaptarse, sin sentirse nunca totalmente relajado.
Buck het hard gefokus op aanpassing, en het nooit heeltemal ontspanne gevoel nie.
Él evitaba los conflictos, nunca iniciaba peleas ni buscaba problemas.
Hy het konflik vermy, nooit bakleiery begin of moeilikheid gesoek nie.
Una reflexión lenta y constante moldeó cada movimiento de Buck.
'n Stadige, bestendige bedagsaamheid het Buck se elke beweging gevorm.

Evitó las elecciones precipitadas y las decisiones repentinas e imprudentes.
Hy het oorhaastige keuses en skielike, roekelose besluite vermy.
Aunque Buck odiaba profundamente a Spitz, no le mostró ninguna agresión.
Alhoewel Buck Spitz diep gehaat het, het hy hom geen aggressie getoon nie.
Buck nunca provocó a Spitz y mantuvo sus acciones moderadas.
Buck het Spitz nooit uitgelok nie, en het sy optrede beheersd gehou.
Spitz, por otro lado, percibió el creciente peligro en Buck.
Spitz, aan die ander kant, het die groeiende gevaar in Buck aangevoel.
Él veía a Buck como una amenaza y un serio desafío a su poder.
Hy het Buck as 'n bedreiging en 'n ernstige uitdaging vir sy mag beskou.
Aprovechó cada oportunidad para gruñir y mostrar sus afilados dientes.
Hy het elke kans gebruik om te grom en sy skerp tande te wys.
Estaba tratando de iniciar la pelea mortal que estaba por venir.
Hy het probeer om die dodelike geveg te begin wat moes kom.
Al principio del viaje casi se desató una pelea entre ellos.
Vroeg in die reis het 'n geveg amper tussen hulle uitgebreek.
Pero un accidente inesperado detuvo la pelea.
Maar 'n onverwagte ongeluk het die geveg verhoed.
Esa tarde acamparon en el gélido lago Le Barge.
Daardie aand het hulle kamp opgeslaan by die bitterkoue Lake Le Barge.
La nieve caía con fuerza y el viento cortaba como un cuchillo.
Die sneeu het hard geval, en die wind het soos 'n mes gesny.

La noche había llegado demasiado rápido y la oscuridad los rodeaba.
Die nag het te vinnig gekom, en duisternis het hulle omring.
Difícilmente podrían haber elegido un peor lugar para descansar.
Hulle kon nouliks 'n slegter plek vir rus gekies het.
Los perros buscaban desesperadamente un lugar donde tumbarse.
Die honde het desperaat gesoek na 'n plek om te lê.
Detrás del pequeño grupo se alzaba una alta pared de roca.
'n Hoë rotsmuur het steil agter die klein groepie verrys.
La tienda de campaña había sido abandonada en Dyea para aligerar la carga.
Die tent is in Dyea agtergelaat om die las ligter te maak.
No les quedó más remedio que hacer el fuego sobre el propio hielo.
Hulle het geen ander keuse gehad as om self die vuur op die ys te maak nie.
Extendieron sus batas para dormir directamente sobre el lago helado.
Hulle het hul slaapklere direk op die bevrore meer uitgesprei.
Unos cuantos palitos de madera flotante les dieron un poco de fuego.
'n Paar stokke dryfhout het hulle 'n bietjie vuur gegee.
Pero el fuego se construyó sobre el hielo y se descongeló a través de él.
Maar die vuur is op die ys gebou en daardeur ontdooi.
Al final, estaban comiendo su cena en la oscuridad.
Uiteindelik het hulle hul aandete in die donker geëet.
Buck se acurrucó junto a la roca, protegido del viento frío.
Buck het langs die rots opgekrul, beskut teen die koue wind.
El lugar era tan cálido y seguro que Buck odiaba mudarse.
Die plek was so warm en veilig dat Buck dit gehaat het om weg te trek.
Pero François había calentado el pescado y estaba repartiendo raciones.

Maar François het die vis warm gemaak en was besig om rantsoene uit te deel.
Buck terminó de comer rápidamente y regresó a su cama.
Buck het vinnig klaar geëet en teruggekeer na sy bed.
Pero Spitz ahora estaba acostado donde Buck había hecho su cama.
Maar Spitz het nou gelê waar Buck sy bed opgemaak het.
Un gruñido bajo advirtió a Buck que Spitz se negaba a moverse.
'n Sagte gegrom het Buck gewaarsku dat Spitz geweier het om te beweeg.
Hasta ahora, Buck había evitado esta pelea con Spitz.
Tot nou toe het Buck hierdie geveg met Spitz vermy.
Pero en lo más profundo de Buck la bestia finalmente se liberó.
Maar diep binne Buck het die dier uiteindelik losgebreek.
El robo de su lugar para dormir era algo demasiado difícil de tolerar.
Die diefstal van sy slaapplek was te veel om te duld.
Buck se lanzó hacia Spitz, lleno de ira y rabia.
Buck het homself na Spitz gestorm, vol woede en woede.
Hasta ahora Spitz había pensado que Buck era sólo un perro grande.
Tot nou toe het Spitz gedink Buck was net 'n groot hond.
No creía que Buck hubiera sobrevivido a través de su espíritu.
Hy het nie gedink Buck het deur sy gees oorleef nie.
Esperaba miedo y cobardía, no furia y venganza.
Hy het vrees en lafhartigheid verwag, nie woede en wraak nie.
François se quedó mirando mientras los dos perros salían del nido en ruinas.
François het gestaar terwyl albei honde uit die verwoeste nes bars.
Comprendió de inmediato lo que había iniciado la salvaje lucha.
Hy het dadelik verstaan wat die wilde stryd begin het.
—¡Ah! —gritó François en apoyo del perro marrón.

"Aa-ah!" het François uitgeroep ter ondersteuning van die bruin hond.

¡Dale una paliza! ¡Por Dios, castiga a ese ladrón astuto!

"Gee hom 'n pak slae! By God, straf daardie slinkse dief!"

Spitz mostró la misma disposición y un entusiasmo salvaje por luchar.

Spitz het ewe veel gereedheid en wilde gretigheid om te veg getoon.

Gritó de rabia mientras giraba rápidamente en busca de una abertura.

Hy het woedend uitgeroep terwyl hy vinnig om die draai gekom het, op soek na 'n opening.

Buck mostró el mismo hambre de luchar y la misma cautela.

Buck het dieselfde honger om te veg, en dieselfde versigtigheid getoon.

También rodeó a su oponente, intentando obtener la ventaja en la batalla.

Hy het ook om sy teenstander gesirkel in 'n poging om die oorhand in die geveg te kry.

Entonces sucedió algo inesperado y lo cambió todo.

Toe gebeur iets onverwags en verander alles.

Ese momento retrasó la eventual lucha por el liderazgo.

Daardie oomblik het die uiteindelike stryd om die leierskap vertraag.

Muchos kilómetros de camino y lucha aún nos esperaban antes del final.

Baie kilometers se roete en gesukkel het nog voor die einde gewag.

Perrault gritó un juramento cuando un garrote impactó contra el hueso.

Perrault het 'n eed geskreeu terwyl 'n knuppel teen die been geslaan het.

Se escuchó un agudo grito de dolor y luego el caos explotó por todas partes.

'n Skerp pyngil het gevolg, toe het chaos oral ontplof.

En el campamento se movían figuras oscuras: perros esquimales salvajes, hambrientos y feroces.

Donker gedaantes het in die kamp beweeg; wilde husky's, uitgehonger en fel.

Cuatro o cinco docenas de perros esquimales habían olfateado el campamento desde lejos.

Vier of vyf dosyn huskies het die kamp van ver af besnuffel.

Se habían colado sigilosamente mientras los dos perros peleaban cerca.

Hulle het stilweg ingesluip terwyl die twee honde naby baklei het.

François y Perrault atacaron con garrotes a los invasores.

François en Perrault het aangeval en knuppels na die indringers geswaai.

Los perros esquimales hambrientos mostraron los dientes y contraatacaron frenéticamente.

Die uitgehongerde huskies het tande gewys en woes teruggeveg.

El olor a carne y a pan les había hecho perder todo miedo.

Die reuk van vleis en brood het hulle oor alle vrees gedryf.

Perrault golpeó a un perro que había enterrado su cabeza en el cajón de comida.

Perrault het 'n hond geslaan wat sy kop in die larwehok begrawe het.

El golpe fue muy fuerte y la caja se volcó, derramándose comida.

Die hou het hard geslaan, en die boks het omgeslaan, en kos het uitgemors.

En cuestión de segundos, una veintena de bestias salvajes destrozaron el pan y la carne.

Binne sekondes het 'n tiental wilde diere die brood en vleis verskeur.

Los garrotes de los hombres asestaron golpe tras golpe, pero ningún perro se apartó.

Die mansklubs het hou na hou geland, maar geen hond het weggedraai nie.

Aullaron de dolor, pero lucharon hasta que no quedó comida.

Hulle het gehuil van die pyn, maar geveg totdat daar geen kos oor was nie.

Mientras tanto, los perros de trineo habían saltado de sus camas nevadas.

Intussen het die sleehonde van hul sneeubedekte beddens afgespring.

Fueron atacados instantáneamente por los feroces y hambrientos huskies.

Hulle is onmiddellik aangeval deur die wrede honger huskies.

Buck nunca había visto criaturas tan salvajes y hambrientas antes.

Buck het nog nooit tevore sulke wilde en uitgehongerde wesens gesien nie.

Su piel colgaba suelta, ocultando apenas sus esqueletos.

Hul vel het los gehang en skaars hul geraamtes versteek.

Había un fuego en sus ojos, de hambre y locura.

Daar was 'n vuur in hulle oë, van honger en waansin

No había manera de detenerlos, de resistirse a su ataque salvaje.

Daar was geen keer vir hulle nie; geen weerstand teen hul wrede stormloop nie.

Los perros de trineo fueron empujados hacia atrás y presionados contra la pared del acantilado.

Die sleehonde is teruggestoot, teen die kransmuur gedruk.

Tres perros esquimales atacaron a Buck a la vez, desgarrando su carne.

Drie husky's het Buck gelyktydig aangeval en in sy vlees geskeur.

La sangre le brotaba de la cabeza y de los hombros, donde había recibido el corte.

Bloed het uit sy kop en skouers gestroom, waar hy gesny was.

El ruido llenó el campamento: gruñidos, aullidos y gritos de dolor.

Die geraas het die kamp gevul; gegrom, gegil en pynkrete.

Billee gritó fuerte, como siempre, atrapada en la pelea y el pánico.

Billee het hard gehuil, soos gewoonlik, vasgevang in die geveg en paniek.

Dave y Solleks estaban uno al lado del otro, sangrando pero desafiantes.
Dave en Solleks het langs mekaar gestaan, bloeiend maar uitdagend.

Joe peleó como un demonio, mordiendo todo lo que se acercaba.
Joe het soos 'n demoon geveg en enigiets gebyt wat naby gekom het.

Aplastó la pata de un husky con un brutal chasquido de sus mandíbulas.
Hy het 'n husky se been met een brutale klap van sy kake vergruis.

Pike saltó sobre el husky herido y le rompió el cuello instantáneamente.
Snoek het op die gewonde husky gespring en sy nek onmiddellik gebreek.

Buck agarró a un husky por el cuello y le arrancó la vena.
Buck het 'n hees hond aan die keel gegryp en deur die aar geskeur.

La sangre salpicó y el sabor cálido llevó a Buck al frenesí.
Bloed het gespuit, en die warm smaak het Buck in 'n waansin gedryf.

Se abalanzó sobre otro atacante sin dudarlo.
Hy het homself sonder aarseling op 'n ander aanvaller gegooi.

En ese mismo momento, unos dientes afilados se clavaron en la garganta de Buck.
Op dieselfde oomblik het skerp tande in Buck se eie keel gegrawe.

Spitz había atacado desde un costado, sin previo aviso.
Spitz het van die kant af toegeslaan en sonder waarskuwing aangeval.

Perrault y François habían derrotado a los perros robando la comida.
Perrault en François het die honde wat die kos gesteel het, verslaan.

Ahora se apresuraron a ayudar a sus perros a luchar contra los atacantes.
Nou het hulle gehaas om hul honde te help om die aanvallers terug te veg.

Los perros hambrientos se retiraron mientras los hombres blandían sus garrotes.
Die uitgehongerde honde het teruggetrek terwyl die mans hul knuppels geswaai het.

Buck se liberó del ataque, pero el escape fue breve.
Buck het van die aanval losgebreek, maar die ontsnapping was van korte duur.

Los hombres corrieron a salvar a sus perros, y los huskies volvieron a atacarlos.
Die mans het gehardloop om hul honde te red, en die husky's het weer geswerm.

Billee, aterrorizado y valiente, saltó hacia la jauría de perros.
Billee, verskrik tot dapperheid, spring in die trop honde in.

Pero luego huyó a través del hielo, presa del terror y el pánico.
Maar toe het hy oor die ys gevlug, in rou vrees en paniek.

Pike y Dub los siguieron de cerca, corriendo para salvar sus vidas.
Pike en Dub het kort agter hulle gevolg en vir hul lewens gehardloop.

El resto del equipo se separó y se dispersó, siguiéndolos.
Die res van die span het uitgebreek en verstrooi, agter hulle aan.

Buck reunió sus fuerzas para correr, pero entonces vio un destello.
Buck het sy kragte bymekaargeskraap om te hardloop, maar toe sien hy 'n flits.

Spitz se abalanzó sobre el costado de Buck, intentando derribarlo al suelo.
Spitz het na Buck se sy gestorm en probeer om hom teen die grond te gooi.

Bajo esa turba de perros esquimales, Buck no habría tenido escapatoria.

Onder daardie skare husky's sou Buck geen ontsnapping gehad het nie.

Pero Buck se mantuvo firme y se preparó para el golpe de Spitz.

Maar Buck het ferm gebly en hom gestaal vir die hou van Spitz.

Luego se dio la vuelta y salió corriendo al hielo con el equipo que huía.

Toe omdraai hy en hardloop saam met die vlugtende span op die ys.

Más tarde, los nueve perros de trineo se reunieron al abrigo del bosque.

Later het die nege sleehonde in die skuiling van die bos bymekaargekom.

Ya nadie los perseguía, pero estaban maltratados y heridos.

Niemand het hulle meer agternagesit nie, maar hulle is aangerand en gewond.

Cada perro tenía heridas: cuatro o cinco cortes profundos en cada cuerpo.

Elke hond het wonde gehad; vier of vyf diep snye aan elke liggaam.

Dub tenía una pata trasera herida y ahora le costaba caminar.

Dub het 'n beseerde agterbeen gehad en het gesukkel om nou te loop.

Dolly, la perrita más nueva de Dyea, tenía la garganta cortada.

Dolly, die nuutste hond van Dyea, het 'n afgesnyde keel gehad.

Joe había perdido un ojo y la oreja de Billee estaba cortada en pedazos.

Joe het 'n oog verloor, en Billee se oor was in stukke gesny.

Todos los perros lloraron de dolor y derrota durante toda la noche.

Al die honde het deur die nag van pyn en nederlaag gehuil.

Al amanecer regresaron al campamento doloridos y destrozados.

Met dagbreek het hulle terug kamp toe gesluip, seer en stukkend.

Los perros esquimales habían desaparecido, pero el daño ya estaba hecho.

Die husky's het verdwyn, maar die skade was aangerig.

Perrault y François estaban de mal humor ante las ruinas.

Perrault en François het in slegte buie gestaan oor die ruïne.

La mitad de la comida había desaparecido, robada por los ladrones hambrientos.

Die helfte van die kos was weg, gesteel deur die honger diewe.

Los perros esquimales habían destrozado las ataduras y la lona del trineo.

Die huskies het deur sleebindings en seil geskeur.

Todo lo que tenía olor a comida había sido devorado por completo.

Enigiets met 'n reuk na kos is heeltemal verslind.

Se comieron un par de botas de viaje de piel de alce de Perrault.

Hulle het 'n paar van Perrault se elandvel-reisstewels geëet.

Masticaban correas de cuero y arruinaban las correas hasta dejarlas inservibles.

Hulle het leerreise gekou en bande onbruikbaar verwoes.

François dejó de mirar el látigo roto para revisar a los perros.

François het opgehou staar na die geskeurde wimper om die honde te ondersoek.

—Ah, amigos míos —dijo en voz baja y llena de preocupación.

"Ag, my vriende," het hy gesê, sy stem laag en vol kommer.

"Tal vez todas estas mordeduras os conviertan en bestias locas."

"Miskien sal al hierdie byte julle in mal diere verander."

—¡Quizás todos sean perros rabiosos, sacredam! ¿Qué opinas, Perrault?

"Miskien almal mal honde, heilige dame! Wat dink jy, Perrault?"

Perrault meneó la cabeza; sus ojos estaban oscuros por la preocupación y el miedo.
Perrault het sy kop geskud, oë donker van kommer en vrees.
Todavía había cuatrocientas millas entre ellos y Dawson.
Vierhonderd myl het nog tussen hulle en Dawson gelê.
La locura canina ahora podría destruir cualquier posibilidad de supervivencia.
Honde-waansin kan nou enige kans op oorlewing vernietig.
Pasaron dos horas maldiciendo y tratando de arreglar el engranaje.
Hulle het twee ure lank gevloek en probeer om die toerusting reg te maak.
El equipo herido finalmente abandonó el campamento, destrozado y derrotado.
Die gewonde span het uiteindelik die kamp verlaat, gebroke en verslaan.
Éste fue el camino más difícil hasta ahora y cada paso era doloroso.
Dit was die moeilikste roete tot nog toe, en elke tree was pynlik.
El río Treinta Millas no se había congelado y su caudal corría con fuerza.
Die Dertig Myl-rivier het nie gevries nie, en het wild gestroom.
Sólo en los lugares tranquilos y en los remolinos el hielo logró retenerse.
Slegs in kalm kolle en kolkende draaikolke het ys daarin geslaag om te hou.
Pasaron seis días de duro trabajo hasta recorrer las treinta millas.
Ses dae van harde arbeid het verbygegaan totdat die dertig myl voltooi was.
Cada kilómetro del camino traía consigo peligro y amenaza de muerte.
Elke myl van die roete het gevaar en die dreiging van die dood gebring.

Los hombres y los perros arriesgaban sus vidas con cada doloroso paso.
Die mans en honde het hul lewens met elke pynlike tree gewaag.
Perrault rompió delgados puentes de hielo una docena de veces diferentes.
Perrault het 'n dosyn verskillende kere deur dun ysbruggies gebreek.
Llevó un palo y lo dejó caer sobre el agujero que había hecho su cuerpo.
Hy het 'n paal gedra en dit oor die gat wat sy liggaam gemaak het, laat val.
Más de una vez ese palo salvó a Perrault de ahogarse.
Meer as een keer het daardie paal Perrault van verdrinking gered.
La ola de frío se mantuvo firme y el aire estaba a cincuenta grados bajo cero.
Die koue vlaag het vasgehou, die lug was vyftig grade onder vriespunt.
Cada vez que se caía, Perrault tenía que encender un fuego para sobrevivir.
Elke keer as hy ingeval het, moes Perrault 'n vuur aansteek om te oorleef.
La ropa mojada se congelaba rápidamente, por lo que la secaba cerca del calor abrasador.
Nat klere het vinnig gevries, so hy het dit naby die brandende hitte gedroog.
Ningún miedo afectó jamás a Perrault, y eso lo convirtió en mensajero.
Geen vrees het Perrault ooit geraak nie, en dit het hom 'n koerier gemaak.
Fue elegido para el peligro y lo afrontó con tranquila resolución.
Hy is gekies vir gevaar, en hy het dit met stille vasberadenheid tegemoetgegaan.
Avanzó contra el viento, con el rostro arrugado y congelado.

Hy het vorentoe teen die wind gedruk, sy verrekte gesig bevrore.
Desde el amanecer hasta el anochecer, Perrault los condujo hacia adelante.
Van flou dagbreek tot nagval het Perrault hulle verder gelei.
Caminó sobre un estrecho borde de hielo que se agrietaba con cada paso.
Hy het op smal randys geloop wat met elke tree gekraak het.
No se atrevieron a detenerse: cada pausa suponía el riesgo de un colapso mortal.
Hulle het nie gewaag om te stop nie—elke pouse het 'n dodelike ineenstorting in gevaar gestel.
Una vez, el trineo se abrió paso y arrastró a Dave y Buck.
Eenkeer het die slee deurgebreek en Dave en Buck ingesleep.
Cuando los liberaron, ambos estaban casi congelados.
Teen die tyd dat hulle vrygesleep is, was albei amper gevries.
Los hombres hicieron un fuego rápidamente para mantener con vida a Buck y Dave.
Die mans het vinnig 'n vuur gemaak om Buck en Dave aan die lewe te hou.
Los perros estaban cubiertos de hielo desde la nariz hasta la cola, rígidos como madera tallada.
Die honde was van neus tot stert met ys bedek, styf soos gesnede hout.
Los hombres los hicieron correr en círculos cerca del fuego para descongelar sus cuerpos.
Die mans het hulle in sirkels naby die vuur laat hardloop om hulle liggame te ontdooi.
Se acercaron tanto a las llamas que su pelaje se quemó.
Hulle het so naby aan die vlamme gekom dat hulle pels geskroei het.
Luego Spitz rompió el hielo y arrastró al equipo detrás de él.
Spitz het volgende deur die ys gebreek en die span agter hom ingesleep.
La ruptura llegó hasta donde Buck estaba tirando.
Die breuk het heeltemal tot by waar Buck getrek het, gestrek.

Buck se reclinó con fuerza hacia atrás, sus patas resbalaron y temblaron en el borde.
Buck leun hard agteroor, pote gly en bewe op die rand.
Dave también se esforzó hacia atrás, justo detrás de Buck en la línea.
Dave het ook agtertoe gespanne geraak, net agter Buck op die lyn.
François tiró del trineo; sus músculos crujían por el esfuerzo.
François het op die slee getrek, sy spiere het gekraak van inspanning.
En otra ocasión, el borde del hielo se agrietó delante y detrás del trineo.
Nog 'n keer het randys voor en agter die slee gekraak.
No tenían otra salida que escalar una pared del acantilado congelado.
Hulle het geen uitweg gehad behalwe om teen 'n bevrore kransmuur uit te klim nie.
De alguna manera Perrault logró escalar el muro; un milagro lo mantuvo con vida.
Perrault het op een of ander manier teen die muur uitgeklim; 'n wonderwerk het hom aan die lewe gehou.
François se quedó abajo, rezando por tener la misma suerte.
François het onder gebly en vir dieselfde soort geluk gebid.
Ataron todas las correas, amarres y tirantes hasta formar una cuerda larga.
Hulle het elke band, vasmaakplek en spoor in een lang tou vasgemaak.
Los hombres subieron cada perro, uno a uno, hasta la cima.
Die mans het elke hond, een op 'n slag, na bo gesleep.
François subió el último, después del trineo y toda la carga.
François het laaste geklim, na die slee en die hele vrag.
Entonces comenzó una larga búsqueda de un camino para bajar de los acantilados.
Toe begin 'n lang soektog na 'n pad van die kranse af.
Finalmente descendieron usando la misma cuerda que habían hecho.

Hulle het uiteindelik afgeklim met dieselfde tou wat hulle gemaak het.
La noche cayó cuando regresaron al lecho del río, exhaustos y doloridos.
Die nag het geval toe hulle uitgeput en seer na die rivierbedding terugkeer.
El día completo les había proporcionado sólo un cuarto de milla de ganancia.
Die volle dag het hulle slegs 'n kwartmyl se wins opgelewer.
Cuando llegaron a Hootalinqua, Buck estaba agotado.
Teen die tyd dat hulle die Hootalinqua bereik het, was Buck uitgeput.
Los demás perros sufrieron igual de mal las condiciones del sendero.
Die ander honde het net so erg onder die roetetoestande gely.
Pero Perrault necesitaba recuperar tiempo y los presionaba cada día.
Maar Perrault moes tyd herwin en het hulle elke dag aangepor.
El primer día viajaron treinta millas hasta Big Salmon.
Die eerste dag het hulle dertig myl na Big Salmon gereis.
Al día siguiente viajaron treinta y cinco millas hasta Little Salmon.
Die volgende dag het hulle vyf-en-dertig myl na Little Salmon gereis.
Al tercer día avanzaron a través de cuarenta largas y heladas millas.
Op die derde dag het hulle deur veertig lang bevrore myle gedruk.
Para entonces, se estaban acercando al asentamiento de Five Fingers.
Teen daardie tyd was hulle naby die nedersetting Five Fingers.

Los pies de Buck eran más suaves que los duros pies de los huskies nativos.

Buck se voete was sagter as die harde voete van inheemse huskies.

Sus patas se habían vuelto tiernas a lo largo de muchas generaciones civilizadas.

Sy pote het oor baie beskaafde geslagte sag geword.

Hace mucho tiempo, sus antepasados habían sido domesticados por hombres del río o cazadores.

Lank gelede is sy voorouers deur riviermense of jagters getem.

Todos los días Buck cojeaba de dolor, caminando sobre sus patas doloridas y en carne viva.

Elke dag het Buck mank geloop van die pyn, en op rou, seer pote geloop.

En el campamento, Buck cayó como un cuerpo sin vida sobre la nieve.

By die kamp het Buck soos 'n lewelose vorm op die sneeu geval.

Aunque estaba hambriento, Buck no se levantó a comer su cena.

Alhoewel hy uitgehonger was, het Buck nie opgestaan om sy aandete te eet nie.

François le trajo a Buck su ración, poniendo pescado junto a su hocico.

François het vir Buck sy rantsoen gebring en vis by sy snoet gelê.

Cada noche, el conductor frotaba los pies de Buck durante media hora.

Elke aand het die bestuurder Buck se voete vir 'n halfuur gevryf.

François incluso cortó sus propios mocasines para hacer calzado para perros.

François het selfs sy eie mokassins opgesny om hondeskoene te maak.

Cuatro zapatos cálidos le dieron a Buck un gran y bienvenido alivio.

Vier warm skoene het Buck 'n groot en welkome verligting gegee.

Una mañana, François olvidó los zapatos y Buck se negó a levantarse.
Een oggend het François die skoene vergeet, en Buck het geweier om op te staan.
Buck yacía de espaldas, con los pies en el aire, agitándolos lastimeramente.
Buck het op sy rug gelê, sy voete in die lug, en hulle jammerlik gewaai.
Incluso Perrault sonrió al ver la dramática súplica de Buck.
Selfs Perrault het geglimlag by die aanskoue van Buck se dramatiese pleidooi.
Pronto los pies de Buck se endurecieron y los zapatos pudieron desecharse.
Gou het Buck se voete hard geword, en die skoene kon weggegooi word.
En Pelly, durante el periodo de uso del arnés, Dolly emitió un aullido terrible.
By Pelly, gedurende die tuigtyd, het Dolly 'n verskriklike gehuil uitgestoot.
El grito fue largo y lleno de locura, sacudiendo a todos los perros.
Die gehuil was lank en gevul met waansin, en het elke hond geskud.
Cada perro se erizaba de miedo sin saber el motivo.
Elke hond het van vrees geskrik sonder om die rede te weet.
Dolly se volvió loca y se arrojó directamente hacia Buck.
Dolly het mal geword en haarself reguit na Buck gegooi.
Buck nunca había visto la locura, pero el horror llenó su corazón.
Buck het nog nooit waansin gesien nie, maar afgryse het sy hart gevul.
Sin pensarlo, se dio la vuelta y huyó presa del pánico absoluto.
Sonder enige gedagte het hy omgedraai en in absolute paniek gevlug.
Dolly lo persiguió con los ojos desorbitados y la saliva saliendo de sus mandíbulas.

Dolly het hom agternagesit, haar oë wild, speeksel wat uit haar kake vlieg.

Ella se mantuvo justo detrás de Buck, sin ganar terreno ni quedarse atrás.

Sy het reg agter Buck gebly, nooit gewen of teruggedeins nie.

Buck corrió a través del bosque, bajó por la isla y cruzó el hielo irregular.

Buck het deur die woude gehardloop, langs die eiland af, oor gekartelde ys.

Cruzó hacia una isla, luego hacia otra, dando la vuelta nuevamente hasta el río.

Hy het na 'n eiland gegaan, toe na 'n ander, en terug na die rivier gesirkel.

Aún así Dolly lo persiguió, con su gruñido detrás de cada paso.

Dolly het hom steeds agternagesit, haar gegrom kort agter haar met elke tree.

Buck podía oír su respiración y su rabia, aunque no se atrevía a mirar atrás.

Buck kon haar asemhaling en woede hoor, hoewel hy nie durf terugkyk nie.

François gritó desde lejos y Buck se giró hacia la voz.

François het van ver af geskree, en Buck het na die stem gedraai.

Todavía jadeando en busca de aire, Buck pasó corriendo, poniendo toda su esperanza en François.

Nog steeds snakend na asem, hardloop Buck verby en plaas alle hoop op François.

El conductor del perro levantó un hacha y esperó mientras Buck pasaba volando.

Die hondebestuurder het 'n byl opgelig en gewag terwyl Buck verbyvlieg.

El hacha cayó rápidamente y golpeó la cabeza de Dolly con una fuerza mortal.

Die byl het vinnig neergekom en Dolly se kop met dodelike krag getref.

Buck se desplomó cerca del trineo, jadeando e incapaz de moverse.
Buck het naby die slee ineengestort, hygend asemhaal en nie in staat om te beweeg nie.
Ese momento le dio a Spitz la oportunidad de golpear a un enemigo exhausto.
Daardie oomblik het Spitz sy kans gegee om 'n uitgeputte teenstander te slaan.
Mordió a Buck dos veces, desgarrando la carne hasta el hueso blanco.
Twee keer het hy Buck gebyt en vleis tot op die wit been afgeskeur.
El látigo de François hizo chasquear el látigo y golpeó a Spitz con toda su fuerza y furia.
François se sweep het gekraak en Spitz met volle, woedende krag getref.
Buck observó con alegría cómo Spitz recibía la paliza más dura que había recibido hasta entonces.
Buck het met vreugde gekyk hoe Spitz sy ergste pak slae tot nog toe ontvang het.
"Es un demonio ese Spitz", murmuró Perrault para sí mismo.
"Hy's 'n duiwel, daardie Spitz," het Perrault donker vir homself gemompel.
"Algún día, ese maldito perro matará a Buck, lo juro".
"Eendag binnekort sal daardie vervloekte hond Buck doodmaak—ek sweer dit."
—Ese Buck tiene dos demonios dentro —respondió François asintiendo.
"Daardie Buck het twee duiwels in hom," antwoord François met 'n knik.
"Cuando veo a Buck, sé que algo feroz le aguarda dentro".
"Wanneer ek vir Buck kyk, weet ek iets fels wag in hom."
"Un día se pondrá furioso y destrozará a Spitz".
"Eendag sal hy woedend word en Spitz aan stukke skeur."
"Masticará a ese perro y lo escupirá en la nieve congelada".
"Hy sal daardie hond opkou en hom op die bevrore sneeu spoeg."

"Estoy seguro de que lo sé en lo más profundo de mi ser".
"So seker as enigiets, ek weet dit diep in my bene."

A partir de ese momento los dos perros quedaron en guerra.
Van daardie oomblik af was die twee honde in 'n oorlog gewikkel.

Spitz lideró al equipo y mantuvo el poder, pero Buck lo desafió.
Spitz het die span gelei en mag behou, maar Buck het dit betwis.

Spitz vio su rango amenazado por este extraño extraño de Southland.
Spitz het gesien hoe sy rang bedreig word deur hierdie vreemde Suidland-vreemdeling.

Buck no se parecía a ningún otro perro sureño que Spitz hubiera conocido antes.
Buck was anders as enige suidelike hond wat Spitz voorheen geken het.

La mayoría de ellos fracasaron: eran demasiado débiles para sobrevivir al frío y al hambre.
Die meeste van hulle het misluk — te swak om deur koue en honger te oorleef.

Murieron rápidamente bajo el trabajo, las heladas y el lento ardor del hambre.
Hulle het vinnig gesterf onder arbeid, ryp en die stadige brand van hongersnood.

Buck se destacó: cada día más fuerte, más inteligente y más salvaje.
Buck het uitsonderlik gestaan — sterker, slimmer en meer barbaars elke dag.

Prosperó a pesar de las dificultades y creció hasta alcanzar el nivel de los perros esquimales del norte.
Hy het op ontbering gefloreer en gegroei om by die noordelike huskies te pas.

Buck tenía fuerza, habilidad salvaje y un instinto paciente y mortal.
Buck het krag, wilde vaardigheid en 'n geduldige, dodelike instink gehad.

El hombre con el garrote había golpeado la temeridad de Buck.
Die man met die knuppel het Buck se onbesonnenheid uitgeslaan.
La furia ciega desapareció y fue reemplazada por una astucia silenciosa y control.
Blinde woede was weg, vervang deur stille listigheid en beheer.
Esperó, tranquilo y primario, observando el momento adecuado.
Hy het gewag, kalm en oer, en uitgesien na die regte oomblik.
Su lucha por el mando se hizo inevitable y clara.
Hul stryd om bevel het onvermydelik en duidelik geword.
Buck deseaba el liderazgo porque su espíritu lo exigía.
Buck het leierskap begeer omdat sy gees dit vereis het.
Lo impulsaba el extraño orgullo nacido del camino y del arnés.
Hy is gedryf deur die vreemde trots wat gebore is uit roete en harnas.
Ese orgullo hizo que los perros tiraran hasta caer sobre la nieve.
Daardie trots het honde laat trek totdat hulle op die sneeu ineengestort het.
El orgullo los llevó a dar toda la fuerza que tenían.
Trots het hulle gelok om al die krag wat hulle gehad het te gee.
El orgullo puede atraer a un perro de trineo incluso hasta el punto de la muerte.
Trots kan 'n sleehond selfs tot die punt van die dood lok.
La pérdida del arnés dejó a los perros rotos y sin propósito.
Om die harnas te verloor, het honde gebroke en sonder doel gelaat.
El corazón de un perro de trineo puede quedar aplastado por la vergüenza cuando se retira.
Die hart van 'n sleehond kan deur skaamte verpletter word wanneer hulle aftree.

Dave vivió con ese orgullo mientras arrastraba el trineo desde atrás.
Dave het volgens daardie trots geleef terwyl hy die slee van agter af gesleep het.
Solleks también lo dio todo con fuerza y lealtad.
Solleks het ook sy alles gegee met grimmige krag en lojaliteit.
Cada mañana, el orgullo los transformaba de amargados a decididos.
Elke oggend het trots hulle van bitter na vasberade verander.
Empujaron todo el día y luego se quedaron en silencio al final del campamento.
Hulle het die hele dag gedruk, toe stil geword aan die einde van die kamp.
Ese orgullo le dio a Spitz la fuerza para poner a raya a los evasores.
Daardie trots het Spitz die krag gegee om ontduikers in die lyn te klop.
Spitz temía a Buck porque Buck tenía ese mismo orgullo profundo.
Spitz het Buck gevrees omdat Buck dieselfde diep trots gedra het.
El orgullo de Buck ahora se agitó contra Spitz, y no se detuvo.
Buck se trots het nou teen Spitz geroer, en hy het nie opgehou nie.
Buck desafió el poder de Spitz y le impidió castigar a los perros.
Buck het Spitz se mag getrotseer en hom verhoed om honde te straf.
Cuando otros fallaron, Buck se interpuso entre ellos y su líder.
Toe ander misluk het, het Buck tussen hulle en hul leier getree.
Lo hizo con intención, dejando claro y abierto su desafío.
Hy het dit met opset gedoen en sy uitdaging oop en duidelik gemaak.
Una noche, una fuerte nevada cubrió el mundo con un profundo silencio.

Een nag het swaar sneeu die wêreld in diepe stilte toegemaak.
A la mañana siguiente, Pike, perezoso como siempre, no se levantó para ir a trabajar.
Die volgende oggend het Pike, lui soos altyd, nie opgestaan vir werk nie.
Se quedó escondido en su nido bajo una gruesa capa de nieve.
Hy het in sy nes onder 'n dik laag sneeu weggesteek gebly.
François gritó y buscó, pero no pudo encontrar al perro.
François het geroep en gesoek, maar kon die hond nie vind nie.
Spitz se puso furioso y atravesó furioso el campamento cubierto de nieve.
Spitz het woedend geword en deur die sneeubedekte kamp gestorm.
Gruñó y olfateó, cavando frenéticamente con ojos llameantes.
Hy het gegrom en gesnuif, terwyl hy woes met brandende oë gegrawe het.
Su rabia era tan feroz que Pike tembló de miedo bajo la nieve.
Sy woede was so fel dat Pike onder die sneeu van vrees gebewe het.
Cuando finalmente encontraron a Pike, Spitz se abalanzó sobre él para castigar al perro que estaba escondido.
Toe Pike uiteindelik gevind is, het Spitz gespring om die wegkruipende hond te straf.
Pero Buck saltó entre ellos con una furia igual a la de Spitz.
Maar Buck het tussen hulle gespring met 'n woede gelykstaande aan Spitz s'n.
El ataque fue tan repentino e inteligente que Spitz cayó al suelo.
Die aanval was so skielik en slim dat Spitz van sy voete af geval het.
Pike, que estaba temblando, se animó ante este desafío.
Pike, wat gebewe het, het moed geput uit hierdie verset.

Saltó sobre el Spitz caído, siguiendo el audaz ejemplo de Buck.
Hy het op die gevalle Spitz gespring, en Buck se dapper voorbeeld gevolg.
Buck, que ya no estaba obligado por la justicia, se unió a la huelga de Spitz.
Buck, nie meer gebonde aan billikheid nie, het by die staking op Spitz aangesluit.
François, divertido pero firme en su disciplina, blandió su pesado látigo.
François, geamuseerd maar ferm in dissipline, het sy swaar hou geswaai.
Golpeó a Buck con todas sus fuerzas para acabar con la pelea.
Hy het Buck met al sy krag geslaan om die geveg te beëindig.
Buck se negó a moverse y se quedó encima del líder caído.
Buck het geweier om te beweeg en het bo-op die gevalle leier gebly.
François entonces utilizó el mango del látigo y golpeó con fuerza a Buck.
François het toe die sweep se handvatsel gebruik en Buck hard geslaan.
Tambaleándose por el golpe, Buck cayó hacia atrás bajo el asalto.
Buck het gewankel van die slag en teruggeval onder die aanval.
François golpeó una y otra vez mientras Spitz castigaba a Pike.
François het oor en oor toegeslaan terwyl Spitz vir Pike gestraf het.

Pasaron los días y Dawson City estaba cada vez más cerca.
Dae het verbygegaan, en Dawson City het al hoe nader gekom.
Buck seguía interfiriendo, interponiéndose entre Spitz y otros perros.

Buck het aanhou inmeng en tussen Spitz en ander honde ingeglip.
Elegía bien sus momentos, esperando siempre que François se marchase.
Hy het sy oomblikke goed gekies en altyd gewag vir François om te vertrek.
La rebelión silenciosa de Buck se extendió y el desorden se arraigó en el equipo.
Buck se stil rebellie het versprei, en wanorde het in die span wortel geskiet.
Dave y Solleks se mantuvieron leales, pero otros se volvieron rebeldes.
Dave en Solleks het lojaal gebly, maar ander het oproerig geword.
El equipo empeoró: se volvió inquieto, pendenciero y fuera de lugar.
Die span het erger geword — rusteloos, twisgierig en uit lyn.
Ya nada funcionaba con fluidez y las peleas se volvieron algo habitual.
Niks het meer vlot gewerk nie, en bakleiery het algemeen geword.
Buck permaneció en el corazón del problema, provocando siempre malestar.
Buck het in die kern van die moeilikheid gebly en altyd onrus veroorsaak.
François se mantuvo alerta, temeroso de la pelea entre Buck y Spitz.
François het waaksaam gebly, bang vir die geveg tussen Buck en Spitz.
Cada noche, las peleas lo despertaban, temiendo que finalmente llegara el comienzo.
Elke nag het gevegte hom wakker gemaak, uit vrees dat die begin uiteindelik aangebreek het.
Saltó de su túnica, dispuesto a detener la pelea.
Hy het uit sy kleed gespring, gereed om die geveg te beëindig.
Pero el momento nunca llegó y finalmente llegaron a Dawson.

Maar die oomblik het nooit aangebreek nie, en hulle het uiteindelik Dawson bereik.

El equipo entró en la ciudad una tarde sombría, tensa y silenciosa.

Die span het een somber middag die dorp binnegekom, gespanne en stil.

La gran batalla por el liderazgo todavía estaba suspendida en el aire.

Die groot stryd om leierskap het steeds in die yskoue lug gehang.

Dawson estaba lleno de hombres y perros de trineo, todos ocupados con el trabajo.

Dawson was vol mans en sleehonde, almal besig met werk.

Buck observó a los perros tirar cargas desde la mañana hasta la noche.

Buck het die honde van die oggend tot die aand dopgehou terwyl hulle vragte trek.

Transportaban troncos y leña y transportaban suministros a las minas.

Hulle het stompe en brandhout vervoer en voorrade na die myne vervoer.

Donde antes trabajaban los caballos en las tierras del sur, ahora trabajaban los perros.

Waar perde eens in die Suidland gewerk het, het honde nou gewerk.

Buck vio algunos perros del sur, pero la mayoría eran huskies parecidos a lobos.

Buck het 'n paar honde van die Suide gesien, maar die meeste was wolfagtige husky's.

Por la noche, como un reloj, los perros alzaban sus voces cantando.

Snags, soos klokslag, het die honde hul stemme in lied verhef.

A las nueve, a las doce y de nuevo a las tres, empezó el canto.

Om nege, om middernag, en weer om drie, het die sang begin.

A Buck le encantaba unirse a su canto misterioso, de sonido salvaje y antiguo.

Buck het dit baie geniet om by hulle grillerige gesang aan te sluit, wild en oud in klank.

La aurora llameó, las estrellas bailaron y la nieve cubrió la tierra.

Die aurora het gevlam, sterre het gedans, en sneeu het die land bedek.

El canto de los perros se elevó como un grito contra el silencio y el frío intenso.

Die honde se lied het as 'n kreet teen stilte en bittere koue opgeklink.

Pero su aullido contenía tristeza, no desafío, en cada larga nota.

Maar hulle gehuil het hartseer, nie uitdaging nie, in elke lang noot bevat.

Cada grito lamentable estaba lleno de súplica: el peso de la vida misma.

Elke weeklag was vol smeekbede; die las van die lewe self.

Esa canción era vieja, más vieja que las ciudades y más vieja que los incendios.

Daardie liedjie was oud—ouer as dorpe, en ouer as vure

Aquella canción era más antigua incluso que las voces de los hombres.

Daardie lied was selfs ouer as die stemme van mense.

Era una canción del mundo joven, cuando todas las canciones eran tristes.

Dit was 'n liedjie uit die jong wêreld, toe alle liedjies hartseer was.

La canción transportaba el dolor de incontables generaciones de perros.

Die liedjie het hartseer van tallose geslagte honde gedra.

Buck sintió la melodía profundamente, gimiendo por un dolor arraigado en los siglos.

Buck het die melodie diep gevoel, gekreun van pyn wat in die eeue gewortel is.

Sollozaba por un dolor tan antiguo como la sangre salvaje en sus venas.

Hy het gehuil van 'n hartseer so oud soos die wilde bloed in sy are.

El frío, la oscuridad y el misterio tocaron el alma de Buck.

Die koue, die donker en die misterie het Buck se siel geraak.

Esa canción demostró hasta qué punto Buck había regresado a sus orígenes.

Daardie liedjie het bewys hoe ver Buck na sy oorsprong teruggekeer het.

Entre la nieve y los aullidos había encontrado el comienzo de su propia vida.

Deur sneeu en gehuil het hy die begin van sy eie lewe gevind.

Siete días después de llegar a Dawson, partieron nuevamente.

Sewe dae nadat hulle in Dawson aangekom het, het hulle weer vertrek.

El equipo descendió del cuartel hasta el sendero Yukon.

Die span het van die Barakke af na die Yukon-roete geval.

Comenzaron el viaje de regreso hacia Dyea y Salt Water.

Hulle het die reis terug na Dyea en Saltwater begin.

Perrault llevaba despachos aún más urgentes que antes.

Perrault het selfs dringender as voorheen berigte oorgedra.

También se sintió dominado por el orgullo por el sendero y se propuso establecer un récord.

Hy is ook deur roete-trots beetgepak en het daarop gemik om 'n rekord op te stel.

Esta vez, varias ventajas estaban del lado de Perrault.

Hierdie keer was verskeie voordele aan Perrault se kant.

Los perros habían descansado durante una semana entera y recuperaron su fuerza.

Die honde het vir 'n volle week gerus en hul krag herwin.

El camino que ellos habían abierto ahora estaba compactado por otros.

Die spoor wat hulle gebreek het, was nou deur ander hard gepak.

En algunos lugares, la policía había almacenado comida tanto para perros como para hombres.

Op plekke het die polisie kos vir honde en mans gestoor.
Perrault viajaba ligero, moviéndose rápido y con poco que lo pesara.
Perrault het lig gereis, vinnig beweeg met min om hom af te weeg.
Llegaron a Sixty-Mile, un recorrido de cincuenta millas, en la primera noche.
Hulle het Sixty-Mile, 'n hardloop van vyftig myl, teen die eerste nag bereik.
El segundo día, se apresuraron a subir por el Yukón hacia Pelly.
Op die tweede dag het hulle die Yukon-rivier opgevaar na Pelly.
Pero estos grandes avances implicaron un gran esfuerzo para François.
Maar sulke goeie vordering het met baie stres vir François gepaard gegaan.
La rebelión silenciosa de Buck había destrozado la disciplina del equipo.
Buck se stil rebellie het die span se dissipline verpletter.
Ya no tiraban juntos como una sola bestia bajo las riendas.
Hulle het nie meer soos een dier in die leisels saamgetrek nie.
Buck había llevado a otros al desafío mediante su valiente ejemplo.
Buck het ander deur sy dapper voorbeeld tot verset gelei.
La orden de Spitz ya no fue recibida con miedo ni respeto.
Spitz se bevel is nie meer met vrees of respek begroet nie.
Los demás perdieron el respeto que le tenían y se atrevieron a resistirse a su gobierno.
Die ander het hul ontsag vir hom verloor en het dit gewaag om sy heerskappy te weerstaan.
Una noche, Pike robó medio pescado y se lo comió bajo la mirada de Buck.
Eendag het Pike 'n halwe vis gesteel en dit onder Buck se oog geëet.
Otra noche, Dub y Joe pelearon contra Spitz y quedaron impunes.

Nog 'n aand het Dub en Joe teen Spitz geveg en ongestraf gebly.
Incluso Billee se quejó con menos dulzura y mostró una nueva agudeza.
Selfs Billee het minder soet gekerm en nuwe skerpte getoon.
Buck le gruñó a Spitz cada vez que se cruzaban.
Buck het elke keer vir Spitz gegrom as hulle paaie gekruis het.
La actitud de Buck se volvió audaz y amenazante, casi como la de un matón.
Buck se houding het vermetel en dreigend geword, amper soos 'n boelie.
Caminó delante de Spitz con arrogancia, lleno de amenaza burlona.
Hy het voor Spitz uit gestap met 'n bravade, vol spottende dreigement.
Ese colapso del orden se extendió también entre los perros de trineo.
Daardie ineenstorting van orde het ook onder die sleehonde versprei.
Pelearon y discutieron más que nunca, llenando el campamento de ruido.
Hulle het meer as ooit tevore baklei en gestry, en die kamp met geraas gevul.
La vida en el campamento se convertía cada noche en un caos salvaje y aullante.
Die kamplewe het elke nag in 'n wilde, huilende chaos verander.
Sólo Dave y Solleks permanecieron firmes y concentrados.
Net Dave en Solleks het standvastig en gefokus gebly.
Pero incluso ellos se enojaron por las peleas constantes.
Maar selfs hulle het kortaf geword van die voortdurende bakleiery.
François maldijo en lenguas extrañas y pisoteó con frustración.
François het in vreemde tale gevloek en gefrustreerd getrap.
Se tiró del pelo y gritó mientras la nieve volaba bajo sus pies.

Hy het aan sy hare geruk en geskree terwyl sneeu onder sy voete gevlieg het.
Su látigo azotó a la manada, pero apenas logró mantenerlos bajo control.
Sy sweep het oor die trop geslaan, maar hulle skaars in lyn gehou.
Cada vez que él le daba la espalda, la lucha estallaba de nuevo.
Elke keer as hy die rug gedraai het, het die geveg weer uitgebreek.
François utilizó el látigo para azotar a Spitz, mientras Buck lideraba a los rebeldes.
François het die sweep vir Spitz gebruik, terwyl Buck die rebelle gelei het.
Cada uno conocía el papel del otro, pero Buck evitó cualquier culpa.
Elkeen het die ander se rol geken, maar Buck het enige blaam vermy.
François nunca sorprendió a Buck iniciando una pelea o eludiendo su trabajo.
François het Buck nooit betrap terwyl hy 'n bakleiery begin of sy werk ontduik nie.
Buck trabajó duro con el arnés; el trabajo ahora emocionaba su espíritu.
Buck het hard in die harnas gewerk—die arbeid het nou sy gees opgewonde gemaak.
Pero encontró aún más alegría al provocar peleas y caos en el campamento.
Maar hy het selfs meer vreugde gevind in die aanwakkering van gevegte en chaos in die kamp.

Una noche, en la desembocadura del Tahkeena, Dub asustó a un conejo.
Een aand by die Tahkeena se bek het Dub 'n konyn laat skrik.
Falló el tiro y el conejo con raquetas de nieve saltó lejos.
Hy het die vangs gemis, en die sneeuskoenkonyn het weggespring.

En cuestión de segundos, todo el equipo de trineo los persiguió con gritos salvajes.
Binne sekondes het die hele sleespan met wilde geskreeu agternagesit.

Cerca de allí, un campamento de la Policía del Noroeste albergaba cincuenta perros husky.
Nabygeleë het 'n Noordwes-polisiekamp vyftig huskyhonde gehuisves.

Se unieron a la caza y navegaron juntos por el río helado.
Hulle het by die jagtog aangesluit en saam die bevrore rivier afgestorm.

El conejo se desvió del río y huyó hacia el lecho congelado del arroyo.
Die konyn het van die rivier afgedraai en in 'n bevrore spruitbedding opgevlug.

El conejo saltaba suavemente sobre la nieve mientras los perros se abrían paso con dificultad.
Die haas het liggies oor die sneeu gespring terwyl die honde deurgesukkel het.

Buck lideró la enorme manada de sesenta perros en cada curva.
Buck het die massiewe trop van sestig honde om elke kronkelende draai gelei.

Avanzó lentamente y con entusiasmo, pero no pudo ganar terreno.
Hy het vorentoe gedruk, laag en gretig, maar kon nie grond wen nie.

Su cuerpo brillaba bajo la pálida luna con cada poderoso salto.
Sy liggaam het met elke kragtige sprong onder die bleek maan geflits.

Más adelante, el conejo se movía como un fantasma, silencioso y demasiado rápido para atraparlo.
Vooruit het die haas soos 'n spook beweeg, stil en te vinnig om te vang.

Todos esos viejos instintos —el hambre, la emoción— se apoderaron de Buck.

Al daardie ou instinkte—die honger, die opwinding—het deur Buck gejaag.
Los humanos a veces sienten este instinto y se ven impulsados a cazar con armas de fuego y balas.
Mense voel hierdie instink soms, gedryf om met geweer en koeël te jag.
Pero Buck sintió este sentimiento a un nivel más profundo y personal.
Maar Buck het hierdie gevoel op 'n dieper en meer persoonlike vlak gevoel.
No podían sentir lo salvaje en su sangre como Buck podía sentirlo.
Hulle kon nie die wildernis in hul bloed voel soos Buck dit kon voel nie.
Persiguió carne viva, dispuesto a matar con los dientes y saborear la sangre.
Hy het lewende vleis gejaag, gereed om met sy tande dood te maak en bloed te proe.
Su cuerpo se tensó de alegría, queriendo bañarse en la cálida vida roja.
Sy liggaam het gespanne geword van vreugde, en wou in warm rooi lewe bad.
Una extraña alegría marca el punto más alto que la vida puede alcanzar.
'n Vreemde vreugde merk die hoogste punt wat die lewe ooit kan bereik.
La sensación de una cima donde los vivos olvidan que están vivos.
Die gevoel van 'n piek waar die lewendes vergeet dat hulle selfs leef.
Esta alegría profunda conmueve al artista perdido en una inspiración ardiente.
Hierdie diepe vreugde raak die kunstenaar verlore in brandende inspirasie.
Esta alegría se apodera del soldado que lucha salvajemente y no perdona a ningún enemigo.

Hierdie vreugde gryp die soldaat aan wat wild veg en geen vyand spaar nie.

Esta alegría ahora se apoderó de Buck mientras lideraba la manada con hambre primaria.

Hierdie vreugde het Buck nou geëis terwyl hy die trop in oerhonger gelei het.

Aulló con el antiguo grito del lobo, emocionado por la persecución en vida.

Hy het gehuil met die oeroue wolfskreet, opgewonde deur die lewende jaagtog.

Buck recurrió a la parte más antigua de sí mismo, perdida en la naturaleza.

Buck het die oudste deel van homself aangeraak, verlore in die wildernis.

Llegó a lo más profundo, más allá de la memoria, al tiempo crudo y antiguo.

Hy het diep binne hom, verby geheue, in rou, antieke tyd gereik.

Una ola de vida pura recorrió cada músculo y tendón.

'n Golf van suiwer lewe het deur elke spier en pees gestroom.

Cada salto gritaba que vivía, que avanzaba a través de la muerte.

Elke sprong het geskreeu dat hy geleef het, dat hy deur die dood beweeg het.

Su cuerpo se elevaba alegremente sobre una tierra quieta y fría que nunca se movía.

Sy liggaam het vreugdevol oor stil, koue land gesweef wat nooit geroer het nie.

Spitz se mantuvo frío y astuto, incluso en sus momentos más salvajes.

Spitz het koud en listig gebly, selfs in sy wildste oomblikke.

Dejó el sendero y cruzó el terreno donde el arroyo se curvaba ampliamente.

Hy het die roete verlaat en land oorgesteek waar die spruit wyd gebuig het.

Buck, sin darse cuenta de esto, permaneció en el sinuoso camino del conejo.

Buck, onbewus hiervan, het op die konyn se kronkelende pad gebly.

Entonces, cuando Buck dobló una curva, el conejo fantasmal estaba frente a él.

Toe, toe Buck om 'n draai kom, was die spookagtige konyn voor hom.

Vio una segunda figura saltar desde la orilla delante de la presa.

Hy het 'n tweede figuur van die wal af sien spring voor die prooi uit.

La figura era Spitz, aterrizando justo en el camino del conejo que huía.

Die figuur was Spitz, wat reg in die pad van die vlugtende konyn beland het.

El conejo no pudo girar y se encontró con las fauces de Spitz en el aire.

Die konyn kon nie omdraai nie en het Spitz se kake in die lug teëgekom.

La columna vertebral del conejo se rompió con un chillido tan agudo como el grito de un humano moribundo.

Die konyn se ruggraat het gebreek met 'n gil so skerp soos 'n sterwende mens se gehuil.

Ante ese sonido, la caída de la vida a la muerte, la manada aulló fuerte.

By daardie geluid—die val van lewe na dood—het die trop hard gehuil.

Un coro salvaje se elevó detrás de Buck, lleno de oscuro deleite.

'n Wrede koor het agter Buck opgestaan, vol donker vreugde.

Buck no emitió ningún grito ni sonido y se lanzó directamente hacia Spitz.

Buck het geen gehuil, geen geluid gemaak nie, en reguit op Spitz ingestorm.

Apuntó a la garganta, pero en lugar de eso golpeó el hombro.

Hy het na die keel gemik, maar eerder die skouer getref.

Cayeron sobre la nieve blanda; sus cuerpos trabados en combate.

Hulle het deur sagte sneeu getuimel; hul liggame in geveg vasgevang.

Spitz se levantó rápidamente, como si nunca lo hubieran derribado.

Spitz het vinnig opgespring, asof hy glad nie neergeslaan is nie.

Cortó el hombro de Buck y luego saltó para alejarse de la pelea.

Hy het Buck se skouer gesny en toe uit die geveg gespring.

Sus dientes chasquearon dos veces como trampas de acero y sus labios se curvaron y fueron feroces.

Twee keer het sy tande soos staalvalle geknak, lippe gekrul en fel.

Retrocedió lentamente, buscando terreno firme bajo sus pies.

Hy het stadig teruggedeins, op soek na vaste grond onder sy voete.

Buck comprendió el momento instantánea y completamente.

Buck het die oomblik onmiddellik en ten volle verstaan.

Había llegado el momento; la lucha iba a ser una lucha a muerte.

Die tyd het aangebreek; die geveg sou 'n geveg tot die dood wees.

Los dos perros daban vueltas, gruñendo, con las orejas planas y los ojos entrecerrados.

Die twee honde het in 'n sirkel geloop, gegrom, ore plat, oë vernou.

Cada perro esperaba que el otro mostrara debilidad o un paso en falso.

Elke hond het gewag vir die ander om swakheid of misstap te toon.

Para Buck, la escena era inquietantemente conocida y recordada profundamente.

Vir Buck het die toneel vreemd bekend en diep onthou gevoel.

El bosque blanco, la tierra fría, la batalla bajo la luz de la luna.

Die wit woude, die koue aarde, die geveg onder maanlig.

Un pesado silencio llenó la tierra, profundo y antinatural.
'n Swaar stilte het die land gevul, diep en onnatuurlik.
Ningún viento se agitó, ninguna hoja se movió, ningún sonido rompió la quietud.
Geen wind het geroer, geen blaar het beweeg, geen geluid het die stilte verbreek nie.
El aliento de los perros se elevaba como humo en el aire helado y silencioso.
Die honde se asems het soos rook in die bevrore, stil lug opgestyg.
El conejo fue olvidado hace mucho tiempo por la manada de bestias salvajes.
Die konyn is lankal deur die trop wilde diere vergeet.
Estos lobos medio domesticados ahora permanecían quietos formando un amplio círculo.
Hierdie halfgetemde wolwe het nou stilgestaan in 'n wye sirkel.
Estaban en silencio, sólo sus ojos brillantes revelaban su hambre.
Hulle was stil, net hul gloeiende oë het hul honger verklap.
Su respiración se elevó mientras observaban cómo comenzaba la pelea final.
Hul asem het opwaarts gedryf, terwyl hulle die laaste geveg sien begin.
Para Buck, esta batalla era vieja y esperada, nada extraña.
Vir Buck was hierdie geveg oud en verwag, glad nie vreemd nie.
Parecía el recuerdo de algo que siempre estuvo destinado a suceder.
Dit het gevoel soos 'n herinnering aan iets wat altyd bestem was om te gebeur.
Spitz era un perro de pelea entrenado, perfeccionado por innumerables peleas salvajes.
Spitz was 'n opgeleide veghond, geslyp deur tallose wilde bakleiery.
Desde Spitzbergen hasta Canadá, había vencido a muchos enemigos.

Van Spitsbergen tot Kanada het hy baie vyande bemeester.
Estaba lleno de furia, pero nunca dejó controlar la rabia.
Hy was vol woede, maar het nooit beheer oor sy woede gegee nie.
Su pasión era aguda, pero siempre templada por un duro instinto.
Sy passie was skerp, maar altyd getemper deur harde instink.
Nunca atacó hasta que su propia defensa estuvo en su lugar.
Hy het nooit aangeval totdat sy eie verdediging in plek was nie.
Buck intentó una y otra vez alcanzar el vulnerable cuello de Spitz.
Buck het oor en oor probeer om Spitz se kwesbare nek te bereik.
Pero cada golpe era correspondido con un corte de los afilados dientes de Spitz.
Maar elke hou is begroet met 'n hou van Spitz se skerp tande.
Sus colmillos chocaron y ambos perros sangraron por los labios desgarrados.
Hul slagtande het gebots, en albei honde het uit geskeurde lippe gebloei.
No importaba cuánto se lanzara Buck, no podía romper la defensa.
Maak nie saak hoe Buck gelung het nie, hy kon nie die verdediging breek nie.
Se puso más furioso y se abalanzó con salvajes ráfagas de poder.
Hy het al woedender geword en met wilde magsuitbarstings ingestorm.
Una y otra vez, Buck atacó la garganta blanca de Spitz.
Keer op keer het Buck vir Spitz se wit keel geslaan.
Cada vez que Spitz esquivaba el ataque, contraatacaba con un mordisco cortante.
Elke keer het Spitz ontwyk en met 'n snydende byt teruggeslaan.
Entonces Buck cambió de táctica y se abalanzó nuevamente hacia la garganta.

Toe verander Buck van taktiek en storm weer asof hy vir die keel wil mik.

Pero él retrocedió a mitad del ataque y se giró para atacar desde un costado.

Maar hy het midde-aanval teruggetrek en van die kant af geslaan.

Le lanzó el hombro a Spitz con la intención de derribarlo.

Hy het sy skouer in Spitz gegooi, met die doel om hom neer te gooi.

Cada vez que lo intentaba, Spitz lo esquivaba y contraatacaba con un corte.

Elke keer as hy probeer het, het Spitz ontwyk en met 'n hou teruggekeer.

El hombro de Buck se enrojeció cuando Spitz saltó después de cada golpe.

Buck se skouer het rou geword toe Spitz ná elke hou wegspring.

Spitz no había sido tocado, mientras que Buck sangraba por muchas heridas.

Spitz is nie aangeraak nie, terwyl Buck uit baie wonde gebloei het.

La respiración de Buck era rápida y pesada y su cuerpo estaba cubierto de sangre.

Buck se asemhaling het vinnig en swaar gekom, sy liggaam glad van die bloed.

La pelea se volvió más brutal con cada mordisco y embestida.

Die geveg het met elke byt en aanval meer brutaal geword.

A su alrededor, sesenta perros silenciosos esperaban que cayera el primero.

Rondom hulle het sestig stil honde gewag vir die eerstes om te val.

Si un perro caía, la manada terminaría la pelea.

As een hond sou val, sou die trop die geveg voltooi.

Spitz vio que Buck se estaba debilitando y comenzó a presionar para atacar.

Spitz het gesien hoe Buck verswak en het die aanval begin afdwing.

Mantuvo a Buck fuera de equilibrio, obligándolo a luchar para mantener el equilibrio.

Hy het Buck van balans af gehou, wat hom gedwing het om vir balans te veg.

Una vez Buck tropezó y cayó, y todos los perros se levantaron.

Eenkeer het Buck gestruikel en geval, en al die honde het opgestaan.

Pero Buck se enderezó a mitad de la caída y todos volvieron a caer.

Maar Buck het homself midde-in die val regop gemaak, en almal het weer ineengesak.

Buck tenía algo poco común: una imaginación nacida de un instinto profundo.

Buck het iets skaars gehad—verbeelding gebore uit diep instink.

Peleó con impulso natural, pero también peleó con astucia.

Hy het met natuurlike dryfkrag geveg, maar hy het ook met listigheid geveg.

Cargó de nuevo como si repitiera su truco de ataque con el hombro.

Hy het weer aangeval asof hy sy skoueraanval-truuk herhaal het.

Pero en el último segundo, se agachó y pasó por debajo de Spitz.

Maar op die laaste oomblik het hy laag geval en onder Spitz deurgevee.

Sus dientes se clavaron en la pata delantera izquierda de Spitz con un chasquido.

Sy tande het met 'n klap aan Spitz se voorste linkerbeen vasgehaak.

Spitz ahora estaba inestable, con su peso sobre sólo tres patas.

Spitz het nou onvas gestaan, sy gewig op slegs drie bene.

Buck atacó de nuevo e intentó derribarlo tres veces.

Buck het weer toegeslaan en drie keer probeer om hom neer te bring.
En el cuarto intento utilizó el mismo movimiento con éxito.
Met die vierde poging het hy dieselfde beweging met sukses gebruik.
Esta vez Buck logró morder la pata derecha de Spitz.
Hierdie keer het Buck daarin geslaag om Spitz se regterbeen te byt.
Spitz, aunque lisiado y en agonía, siguió luchando por sobrevivir.
Spitz, hoewel kreupel en in pyn, het aangehou sukkel om te oorleef.
Vio que el círculo de huskies se estrechaba, con las lenguas afuera y los ojos brillantes.
Hy het gesien hoe die kring van husky's saamtrek, tonge uit, oë gloei.
Esperaron para devorarlo, tal como habían hecho con los otros.
Hulle het gewag om hom te verslind, net soos hulle met ander gedoen het.
Esta vez, él estaba en el centro; derrotado y condenado.
Hierdie keer het hy in die middel gestaan; verslaan en verdoem.
Ya no había opción de escapar para el perro blanco.
Daar was nou geen ander manier om te ontsnap vir die wit hond nie.
Buck no mostró piedad, porque la piedad no pertenecía a la naturaleza.
Buck het geen genade betoon nie, want genade het nie in die wildernis hoort nie.
Buck se movió con cuidado, preparándose para la carga final.
Buck het versigtig beweeg en gereed gemaak vir die laaste aanval.
El círculo de perros esquimales se cerró; sintió sus respiraciones cálidas.

Die kring van husky's het toegemaak; hy het hul warm asemhalings gevoel.

Se agacharon, preparados para saltar cuando llegara el momento.

Hulle het laag gehurk, gereed om te spring wanneer die oomblik aanbreek.

Spitz temblaba en la nieve, gruñendo y cambiando su postura.

Spitz het in die sneeu gebewe, gegrom en sy posisie verskuif.

Sus ojos brillaban, sus labios se curvaron y sus dientes brillaron en una amenaza desesperada.

Sy oë het gegloei, lippe opgetrek, tande het geflikker in desperate dreiging.

Se tambaleó, todavía intentando contener el frío mordisco de la muerte.

Hy het gestruikel, steeds probeer om die koue byt van die dood af te weer.

Ya había visto esto antes, pero siempre desde el lado ganador.

Hy het dit al voorheen gesien, maar altyd van die wenkant af.

Ahora estaba en el bando perdedor; el derrotado; la presa; la muerte.

Nou was hy aan die verloorkant; die verslane; die prooi; die dood.

Buck voló en círculos para asestar el golpe final, mientras el círculo de perros se acercaba cada vez más.

Buck het in 'n sirkel gedraai vir die finale hou, die kring honde het nader gedruk.

Podía sentir sus respiraciones calientes; listas para matar.

Hy kon hulle warm asemteue voel; gereed vir die doodmaak.

Se hizo un silencio absoluto, todo estaba en su lugar, el tiempo se había detenido.

'n Stilte het neergesak; alles was op sy plek; tyd het stilgestaan.

Incluso el aire frío entre ellos se congeló por un último momento.

Selfs die koue lug tussen hulle het vir 'n laaste oomblik gevries.

Sólo Spitz se movió, intentando contener su amargo final.
Net Spitz het beweeg en probeer om sy bitter einde af te weer.
El círculo de perros se iba cerrando a su alrededor, tal como era su destino.
Die kring van honde het om hom gesluit, soos sy bestemming was.
Ahora estaba desesperado, sabiendo lo que estaba a punto de suceder.
Hy was nou desperaat, wetende wat op die punt staan om te gebeur.
Buck saltó y hombro con hombro chocó una última vez.
Buck spring ingespring, skouer teen skouer vir die laaste keer.
Los perros se lanzaron hacia adelante, cubriendo a Spitz en la oscuridad nevada.
Die honde het vorentoe gestorm en Spitz in die sneeudonker bedek.
Buck observaba, erguido, vencedor en un mundo salvaje.
Buck het gekyk, regop staande; die oorwinnaar in 'n barbaarse wêreld.
La bestia primordial dominante había cometido su asesinato, y fue bueno.
Die dominante oerdier het sy slagting gemaak, en dit was goed.

Aquel que ha alcanzado la maestría
Hy, wat Meesterskap gewen het

¿Eh? ¿Qué dije? Digo la verdad cuando digo que Buck es un demonio.

"Eh? Wat het ek gesê? Ek praat die waarheid as ek sê Buck is 'n duiwel."

François dijo esto a la mañana siguiente después de descubrir que Spitz había desaparecido.

François het dit die volgende oggend gesê nadat hy Spitz as vermis gevind het.

Buck permaneció allí, cubierto de heridas por la feroz pelea.

Buck het daar gestaan, bedek met wonde van die wrede geveg.

François acercó a Buck al fuego y señaló las heridas.

François het Buck naby die vuur getrek en na die beserings gewys.

"Ese Spitz peleó como Devik", dijo Perrault, mirando los profundos cortes.

"Daardie Spitz het soos die Devik geveg," het Perrault gesê terwyl hy die diep snye dopgehou het.

—Y ese Buck peleó como dos demonios —respondió François inmediatamente.

"En daardie Buck het soos twee duiwels geveg," het François dadelik geantwoord.

"Ahora iremos a buen ritmo; no más Spitz, no más problemas".

"Nou sal ons goeie tyd maak; geen Spitz meer nie, geen moeilikheid meer nie."

Perrault estaba empacando el equipo y cargando el trineo con cuidado.

Perrault was besig om die toerusting te pak en die slee met sorg te laai.

François enjaezó a los perros para prepararlos para la carrera del día.

François het die honde ingespan ter voorbereiding vir die dag se hardloop.

Buck trotó directamente a la posición de liderazgo que alguna vez ocupó Spitz.
Buck draf reguit na die voorste posisie wat eens deur Spitz gehou is.

Pero François, sin darse cuenta, condujo a Solleks hacia el frente.
Maar François, wat dit nie opgemerk het nie, het Solleks vorentoe na die front gelei.

A juicio de François, Solleks era ahora el mejor perro guía.
Volgens François se oordeel was Solleks nou die beste leidhond.

Buck se abalanzó furioso sobre Solleks y lo hizo retroceder en protesta.
Buck het woedend op Solleks gespring en hom uit protes teruggedryf.

Se situó en el mismo lugar que una vez estuvo Spitz, ocupando la posición de liderazgo.
Hy het gestaan waar Spitz eens gestaan het en die voorste posisie opgeëis.

—¿Eh? ¿Eh? —gritó François, dándose palmadas en los muslos, divertido.
"Eh? Eh?" roep François uit en klap sy dye geamuseerd.

—Mira a Buck. Mató a Spitz y ahora quiere aceptar el trabajo.
"Kyk na Buck—hy het Spitz doodgemaak, nou wil hy die werk vat!"

—¡Vete, Chook! —gritó, intentando ahuyentar a Buck.
"Gaan weg, Chook!" het hy geskree en probeer om Buck weg te jaag.

Pero Buck se negó a moverse y se mantuvo firme en la nieve.
Maar Buck het geweier om te beweeg en het ferm in die sneeu gestaan.

François agarró a Buck por la nuca y lo arrastró a un lado.
François het Buck aan die nek gegryp en hom eenkant toe gesleep.

Buck gruñó bajo y amenazante, pero no atacó.
Buck het laag en dreigend gegrom, maar nie aangeval nie.

François puso a Solleks de nuevo en cabeza, intentando resolver la disputa.
François het Solleks weer in die voortou geplaas en probeer om die dispuut te besleg.
El perro viejo mostró miedo de Buck y no quería quedarse.
Die ou hond het vrees vir Buck getoon en wou nie bly nie.
Cuando François le dio la espalda, Buck expulsó nuevamente a Solleks.
Toe François sy rug draai, het Buck Solleks weer uitgedryf.
Solleks no se resistió y se hizo a un lado silenciosamente una vez más.
Solleks het nie weerstand gebied nie en het weer stilweg opsy getree.
François se enojó y gritó: "¡Por Dios, te arreglo!"
François het kwaad geword en geskree: "By God, ek maak jou reg!"
Se acercó a Buck sosteniendo un pesado garrote en su mano.
Hy het na Buck toe gekom met 'n swaar knuppel in sy hand.
Buck recordaba bien al hombre del suéter rojo.
Buck het die man in die rooi trui goed onthou.
Se retiró lentamente, observando a François, pero gruñendo profundamente.
Hy het stadig teruggetrek, François dopgehou, maar diep gegrom.
No se apresuró a regresar, incluso cuando Solleks ocupó su lugar.
Hy het nie teruggehaas nie, selfs toe Solleks in sy plek gestaan het.
Buck voló en círculos fuera de su alcance, gruñendo con furia y protesta.
Buck het net buite bereik sirkelgeloop, woedend en protesagtig.
Mantuvo la vista fija en el palo, dispuesto a esquivarlo si François lanzaba.
Hy het sy oë op die knuppel gehou, gereed om te ontwyk as François gooi.

Se había vuelto sabio y cauteloso en cuanto a las costumbres de los hombres con armas.
Hy het wys en versigtig geword in die weë van manne met wapens.

François se dio por vencido y llamó a Buck nuevamente a su antiguo lugar.
François het moed opgegee en Buck weer na sy vorige plek geroep.

Pero Buck retrocedió con cautela, negándose a obedecer la orden.
Maar Buck het versigtig teruggetree en geweier om die bevel te gehoorsaam.

François lo siguió, pero Buck sólo retrocedió unos pasos más.
François het gevolg, maar Buck het net 'n paar treë verder teruggedeins.

Después de un tiempo, François arrojó el arma al suelo, frustrado.
Na 'n rukkie het François die wapen in frustrasie neergegooi.

Pensó que Buck tenía miedo de que le dieran una paliza y que iba a venir sin hacer mucho ruido.
Hy het gedink Buck was bang vir 'n pak slae en sou stilletjies kom.

Pero Buck no estaba evitando el castigo: estaba luchando por su rango.
Maar Buck het nie straf vermy nie—hy het vir rang geveg.

Se había ganado el puesto de perro líder mediante una pelea a muerte.
Hy het die leierhondposisie verdien deur 'n geveg tot die dood toe

No iba a conformarse con nada menos que ser el líder.
Hy sou nie met enigiets minder as om die leier te wees, tevrede wees nie.

Perrault participó en la persecución para ayudar a atrapar al rebelde Buck.

Perrault het 'n hand in die jaagtog geneem om die opstandige Buck te help vang.
Juntos lo hicieron correr alrededor del campamento durante casi una hora.
Saam het hulle hom vir amper 'n uur om die kamp gehardloop.
Le lanzaron garrotes, pero Buck los esquivó hábilmente.
Hulle het knuppels na hom gegooi, maar Buck het elkeen vaardig ontwyk.
Lo maldijeron a él, a sus padres, a sus descendientes y a cada cabello que tenía.
Hulle het hom, sy voorouers, sy nageslag en elke haar op hom vervloek.
Pero Buck sólo gruñó y se quedó fuera de su alcance.
Maar Buck het net teruggegrom en net buite hulle bereik gebly.
Nunca intentó huir, sino que rodeó el campamento deliberadamente.
Hy het nooit probeer wegvlug nie, maar het doelbewus om die kamp gegaan.
Dejó claro que obedecería una vez que le dieran lo que quería.
Hy het dit duidelik gemaak dat hy sou gehoorsaam sodra hulle hom gegee het wat hy wou hê.
François finalmente se sentó y se rascó la cabeza con frustración.
François het uiteindelik gaan sit en gefrustreerd aan sy kop gekrap.
Perrault miró su reloj, maldijo y murmuró algo sobre el tiempo perdido.
Perrault het op sy horlosie gekyk, gevloek en gemompel oor verlore tyd.
Ya había pasado una hora cuando debían estar en el sendero.
'n Uur het reeds verbygegaan toe hulle op die roete moes gewees het.
François se encogió de hombros tímidamente y miró al mensajero, quien suspiró derrotado.

François het skaam sy skouers opgetrek vir die koerier, wat verslae gesug het.
Entonces François se acercó a Solleks y llamó a Buck una vez más.
Toe stap François na Solleks en roep weer eens na Buck.
Buck se rió como se ríe un perro, pero mantuvo una distancia cautelosa.
Buck het gelag soos 'n hond lag, maar sy versigtige afstand gehou.
François le quitó el arnés a Solleks y lo devolvió a su lugar.
François het Solleks se harnas verwyder en hom terug op sy plek gebring.
El equipo de trineo estaba completamente arneses y solo había un lugar libre.
Die sleespan het ten volle ingespan gestaan, met slegs een plek oop.
La posición de liderazgo quedó vacía, claramente destinada solo para Buck.
Die voorste posisie het leeg gebly, duidelik bedoel vir Buck alleen.
François volvió a llamar, y nuevamente Buck rió y se mantuvo firme.
François het weer geroep, en weer het Buck gelag en sy manne gehou.
—Tira el garrote —ordenó Perrault sin dudarlo.
"Gooi die knuppel neer," het Perrault sonder aarseling beveel.
François obedeció y Buck inmediatamente trotó hacia adelante orgulloso.
François het gehoorsaam, en Buck het dadelik trots vorentoe gedraf.
Se rió triunfante y asumió la posición de líder.
Hy het triomfantlik gelag en in die voorste posisie ingetree.
François aseguró sus correajes y el trineo se soltó.
François het sy spore verseker, en die slee is losgebreek.
Ambos hombres corrieron al lado del equipo mientras corrían hacia el sendero del río.

Albei mans het langs die span gehardloop terwyl hulle op die rivierpaadjie gejaag het.

François tenía en alta estima a los "dos demonios" de Buck.
François het Buck se "twee duiwels" hoog aangeslaan.

Pero pronto se dio cuenta de que en realidad había subestimado al perro.
maar hy het gou besef dat hy die hond eintlik onderskat het.

Buck asumió rápidamente el liderazgo y trabajó con excelencia.
Buck het vinnig leierskap oorgeneem en met uitnemendheid presteer.

En juicio, pensamiento rápido y acción veloz, Buck superó a Spitz.
In oordeel, vinnige denke en vinnige optrede het Buck Spitz oortref.

François nunca había visto un perro igual al que Buck mostraba ahora.
François het nog nooit 'n hond gesien wat gelykstaande was aan wat Buck nou vertoon het nie.

Pero Buck realmente sobresalía en imponer el orden e imponer respeto.
Maar Buck het werklik uitgeblink in die handhawing van orde en die afdwing van respek.

Dave y Solleks aceptaron el cambio sin preocupación ni protesta.
Dave en Solleks het die verandering sonder kommer of protes aanvaar.

Se concentraron únicamente en el trabajo y en tirar con fuerza de las riendas.
Hulle het net op werk gefokus en hard in die leisels trek.

A ellos les importaba poco quién iba delante, siempre y cuando el trineo siguiera moviéndose.
Hulle het min omgegee wie lei, solank die slee aanhou beweeg het.

Billee, la alegre, podría haber liderado todo lo que a ellos les importaba.

Billee, die vrolike een, kon gelei het vir alles wat hulle omgegee het.
Lo que les importaba era la paz y el orden en las filas.
Wat vir hulle saak gemaak het, was vrede en orde in die geledere.

El resto del equipo se había vuelto rebelde durante la decadencia de Spitz.
Die res van die span het onordelik geword tydens Spitz se agteruitgang.
Se sorprendieron cuando Buck inmediatamente los puso en orden.
Hulle was geskok toe Buck hulle dadelik tot orde gebring het.
Pike siempre había sido perezoso y arrastraba los pies detrás de Buck.
Pike was nog altyd lui en het agter Buck gesleep.
Pero ahora el nuevo liderazgo lo ha disciplinado severamente.
Maar nou is hy skerp gedissiplineer deur die nuwe leierskap.
Y rápidamente aprendió a aportar su granito de arena en el equipo.
En hy het vinnig geleer om sy gewig in die span te trek.
Al final del día, Pike trabajó más duro que nunca.
Teen die einde van die dag het Pike harder as ooit tevore gewerk.
Esa noche en el campamento, Joe, el perro amargado, finalmente fue sometido.
Daardie nag in die kamp is Joe, die suur hond, uiteindelik onderdruk.
Spitz no logró disciplinarlo, pero Buck no falló.
Spitz het versuim om hom te dissiplineer, maar Buck het nie gefaal nie.
Utilizando su mayor peso, Buck superó a Joe en segundos.
Deur sy groter gewig te gebruik, het Buck Joe binne sekondes oorweldig.
Mordió y golpeó a Joe hasta que gimió y dejó de resistirse.

Hy het Joe gebyt en geslaan totdat hy gekerm het en opgehou het om weerstand te bied.

Todo el equipo mejoró a partir de ese momento.
Die hele span het van daardie oomblik af verbeter.

Los perros recuperaron su antigua unidad y disciplina.
Die honde het hul ou eenheid en dissipline herwin.

En Rink Rapids, se unieron dos nuevos huskies nativos, Teek y Koona.
By Rink Rapids het twee nuwe inheemse huskies, Teek en Koona, aangesluit.

El rápido entrenamiento que Buck les dio sorprendió incluso a François.
Buck se vinnige opleiding van hulle het selfs François verbaas.

"¡Nunca hubo un perro como ese Buck!" gritó con asombro.
"Nog nooit was daar so 'n hond soos daardie Bok nie!" het hy verbaas uitgeroep.

¡No, jamás! ¡Vale mil dólares, por Dios!
"Nee, nooit! Hy is duisend dollar werd, by God!"

—¿Eh? ¿Qué dices, Perrault? —preguntó con orgullo.
"Eh? Wat sê jy, Perrault?" het hy met trots gevra.

Perrault asintió en señal de acuerdo y revisó sus notas.
Perrault het instemmend geknik en sy notas nagegaan.

Ya vamos por delante del cronograma y ganamos más cada día.
Ons is reeds voor op skedule en kry elke dag meer.

El sendero estaba duro y liso, sin nieve fresca.
Die roete was styf en glad, sonder vars sneeu.

El frío era constante, rondando los cincuenta grados bajo cero durante todo el tiempo.
Die koue was bestendig en het deurgaans op vyftig onder vriespunt gehang.

Los hombres cabalgaban y corrían por turnos para entrar en calor y ganar tiempo.
Die mans het beurtelings gery en gehardloop om warm te bly en tyd te maak.

Los perros corrían rápido, con pocas paradas y siempre avanzando.

Die honde het vinnig gehardloop met min stoppe, altyd vorentoe gestoot.
El río Thirty Mile estaba casi congelado y era fácil cruzarlo.
Die Dertig Myl-rivier was meestal gevries en maklik om oor te reis.
Salieron en un día lo que habían tardado diez días en llegar.
Hulle het in een dag uitgegaan wat tien dae geneem het om in te kom.
Hicieron una carrera de sesenta millas desde el lago Le Barge hasta White Horse.
Hulle het 'n sestig myl lange draf van Lake Le Barge na White Horse gemaak.
A través de los lagos Marsh, Tagish y Bennett se movieron increíblemente rápido.
Oor Marsh-, Tagish- en Bennett-mere het hulle ongelooflik vinnig beweeg.
El hombre corriendo remolcado detrás del trineo por una cuerda.
Die hardloopman het agter die slee aan 'n tou gesleep.
En la última noche de la segunda semana llegaron a su destino.
Op die laaste aand van week twee het hulle by hul bestemming aangekom.
Habían llegado juntos a la cima del Paso Blanco.
Hulle het saam die bopunt van White Pass bereik.
Descendieron al nivel del mar con las luces de Skaguay debajo de ellos.
Hulle het tot seevlak gedaal met Skaguay se ligte onder hulle.
Había sido una carrera que estableció un récord a través de kilómetros de desierto frío.
Dit was 'n rekordbrekende lopie oor kilometers koue wildernis.
Durante catorce días seguidos, recorrieron un promedio de cuarenta millas.
Vir veertien dae aaneen het hulle gemiddeld 'n stewige veertig myl afgelê.

En Skaguay, Perrault y François transportaban mercancías por la ciudad.
In Skaguay het Perrault en François vrag deur die dorp vervoer.
Fueron aplaudidos y la multitud admirada les ofreció muchas bebidas.
Hulle is deur bewonderende skares toegejuig en baie drankies aangebied.
Los cazadores de perros y los trabajadores se reunieron alrededor del famoso equipo de perros.
Hondejaers en werkers het rondom die bekende hondespan vergader.
Luego, los forajidos del oeste llegaron a la ciudad y sufrieron una derrota violenta.
Toe het westerse bandiete na die dorp gekom en 'n gewelddadige nederlaag gely.
La gente pronto se olvidó del equipo y se centró en un nuevo drama.
Die mense het gou die span vergeet en op nuwe drama gefokus.
Luego vinieron las nuevas órdenes que cambiaron todo de golpe.
Toe kom die nuwe bevele wat alles gelyktydig verander het.
François llamó a Buck y lo abrazó con orgullo entre lágrimas.
François het Buck na hom geroep en hom met tranerige trots omhels.
Ese momento fue la última vez que Buck volvió a ver a François.
Daardie oomblik was die laaste keer dat Buck François ooit weer gesien het.
Como muchos hombres antes, tanto François como Perrault se habían ido.
Soos baie mans tevore, was beide François en Perrault weg.
Un mestizo escocés se hizo cargo de Buck y sus compañeros de equipo de perros de trineo.
'n Skotse halfbloed het Buck en sy sleehondspanmaats in beheer geneem.

Con una docena de otros equipos de perros, regresaron por el sendero hasta Dawson.
Saam met 'n dosyn ander hondespanne het hulle langs die roete na Dawson teruggekeer.

Ya no era una carrera rápida, solo un trabajo duro con una carga pesada cada día.
Dit was nou geen vinnige lopie nie—net swaar werk met 'n swaar vrag elke dag.

Éste era el tren correo que llevaba noticias a los buscadores de oro cerca del Polo.
Dit was die postrein wat nuus gebring het aan goudjagters naby die Pool.

A Buck no le gustaba el trabajo, pero lo soportaba bien y se enorgullecía de su esfuerzo.
Buck het die werk nie gehou nie, maar het dit goed verduur en was trots op sy poging.

Al igual que Dave y Solleks, Buck mostró devoción por cada tarea diaria.
Soos Dave en Solleks, het Buck toewyding aan elke daaglikse taak getoon.

Se aseguró de que cada uno de sus compañeros hiciera su parte.
Hy het seker gemaak dat sy spanmaats elkeen hul billike gewig bygedra het.

La vida en el sendero se volvió aburrida, repetida con la precisión de una máquina.
Die roetelewe het dof geword, herhaal met die presisie van 'n masjien.

Cada día parecía igual, una mañana se fundía con la siguiente.
Elke dag het dieselfde gevoel, die een oggend het in die volgende oorgegaan.

A la misma hora, los cocineros se levantaron para hacer fogatas y preparar la comida.
Op dieselfde uur het die kokke opgestaan om vure te maak en kos voor te berei.

Después del desayuno, algunos abandonaron el campamento mientras otros enjaezaron los perros.
Na ontbyt het sommige die kamp verlaat terwyl ander die honde ingespan het.

Se pusieron en marcha antes de que la tenue señal del amanecer tocara el cielo.
Hulle het die roete aangepak voordat die dowwe waarskuwing van die dagbreek die lug geraak het.

Por la noche se detenían para acampar, cada hombre con una tarea determinada.
In die nag het hulle gestop om kamp op te slaan, elke man met 'n vasgestelde plig.

Algunos montaron tiendas de campaña, otros cortaron leña y recogieron ramas de pino.
Party het die tente opgeslaan, ander het brandhout gekap en dennetakke bymekaargemaak.

Se llevaba agua o hielo a los cocineros para la cena.
Water of ys is teruggedra na die kokke vir die aandete.

Los perros fueron alimentados y esta fue la mejor parte del día para ellos.
Die honde is gevoer, en dit was die beste deel van die dag vir hulle.

Después de comer pescado, los perros se relajaron y descansaron cerca del fuego.
Nadat hulle vis geëet het, het die honde ontspan en naby die vuur gelê.

Había otros cien perros en el convoy con los que mezclarse.
Daar was 'n honderd ander honde in die konvooi om mee te meng.

Muchos de esos perros eran feroces y rápidos para pelear sin previo aviso.
Baie van daardie honde was fel en vinnig om sonder waarskuwing te baklei.

Pero después de tres victorias, Buck dominó incluso a los luchadores más feroces.
Maar ná drie oorwinnings het Buck selfs die felste vegters bemeester.

Cuando Buck gruñó y mostró los dientes, se hicieron a un lado.
Nou toe Buck grom en sy tande wys, het hulle opsy gestap.
Quizás lo mejor de todo es que a Buck le encantaba tumbarse cerca de la fogata parpadeante.
Miskien die beste van alles was dat Buck daarvan gehou het om naby die flikkerende kampvuur te lê.
Se agachó con las patas traseras dobladas y las patas delanteras estiradas hacia adelante.
Hy het gehurk met agterpote ingetrek en voorpote vorentoe gestrek.
Levantó la cabeza mientras parpadeaba suavemente ante las llamas brillantes.
Sy kop was opgelig terwyl hy saggies na die gloeiende vlamme geknipper het.
A veces recordaba la gran casa del juez Miller en Santa Clara.
Soms het hy Regter Miller se groot huis in Santa Clara onthou.
Pensó en la piscina de cemento, en Ysabel y en el pug llamado Toots.
Hy het aan die sementpoel gedink, aan Ysabel, en die mopshond met die naam Toots.
Pero más a menudo recordaba el garrote del hombre del suéter rojo.
Maar meer dikwels het hy die man met die rooi trui se knuppel onthou.
Recordó la muerte de Curly y su feroz batalla con Spitz.
Hy het Curly se dood en sy hewige stryd met Spitz onthou.
También recordó la buena comida que había comido o con la que aún soñaba.
Hy het ook die goeie kos onthou wat hy geëet het of nog van gedroom het.
Buck no sentía nostalgia: el cálido valle era distante e irreal.
Buck het nie heimwee gehad nie—die warm vallei was ver en onwerklik.
Los recuerdos de California ya no ejercían ninguna atracción sobre él.

Herinneringe aan Kalifornië het hom nie meer werklik aangetrek nie.

Más fuertes que la memoria eran los instintos profundos en su linaje.

Sterker as geheue was instinkte diep in sy bloedlyn.

Los hábitos que una vez se habían perdido habían regresado, revividos por el camino y la naturaleza.

Gewoontes wat eens verlore was, het teruggekeer, herleef deur die roete en die wildernis.

Mientras Buck observaba la luz del fuego, a veces se convertía en otra cosa.

Terwyl Buck na die vuurlig gekyk het, het dit soms iets anders geword.

Vio a la luz del fuego otro fuego, más antiguo y más profundo que el actual.

Hy het in die vuurlig 'n ander vuur gesien, ouer en dieper as die huidige een.

Junto a ese otro fuego se agazapaba un hombre que no se parecía en nada al cocinero mestizo.

Langs daardie ander vuur het 'n man gehurk, anders as die halfbloedkok.

Esta figura tenía piernas cortas, brazos largos y músculos duros y anudados.

Hierdie figuur het kort bene, lang arms en harde, geknoopte spiere gehad.

Su cabello era largo y enmarañado, y caía hacia atrás desde los ojos.

Sy hare was lank en verward, en het agteroor van die oë af gehang.

Hizo ruidos extraños y miró con miedo hacia la oscuridad.

Hy het vreemde geluide gemaak en vreesbevange na die donkerte gestaar.

Sostenía agachado un garrote de piedra, firmemente agarrado con su mano larga y áspera.

Hy het 'n klippenknuppel laag gehou, styf vasgegryp in sy lang growwe hand.

El hombre vestía poco: sólo una piel carbonizada que le colgaba por la espalda.

Die man het min aangehad; net 'n verkoolde vel wat oor sy rug gehang het.

Su cuerpo estaba cubierto de espeso vello en los brazos, el pecho y los muslos.

Sy lyf was bedek met dik hare oor sy arms, bors en dye.

Algunas partes del cabello estaban enredadas en parches de pelaje áspero.

Sommige dele van die hare was verstrengel in kolle growwe pels.

No se mantenía erguido, sino inclinado hacia delante desde las caderas hasta las rodillas.

Hy het nie regop gestaan nie, maar vooroor gebuig van die heupe tot die knieë.

Sus pasos eran elásticos y felinos, como si estuviera siempre dispuesto a saltar.

Sy treë was veerkragtig en katagtig, asof hy altyd gereed was om te spring.

Había un estado de alerta agudo, como si viviera con miedo constante.

Daar was 'n skerp waaksaamheid, asof hy in voortdurende vrees geleef het.

Este hombre anciano parecía esperar el peligro, ya sea que lo viera o no.

Hierdie antieke man het blykbaar gevaar verwag, of die gevaar nou gesien is of nie.

A veces, el hombre peludo dormía junto al fuego, con la cabeza metida entre las piernas.

Soms het die harige man by die vuur geslaap, kop tussen sy bene ingesteek.

Sus codos descansaban sobre sus rodillas, sus manos entrelazadas sobre su cabeza.

Sy elmboë het op sy knieë gerus, hande bo sy kop vasgevou.

Como un perro, usó sus brazos peludos para protegerse de la lluvia que caía.

Soos 'n hond het hy sy harige arms gebruik om die vallende reën af te gooi.
Más allá de la luz del fuego, Buck vio dos brasas brillando en la oscuridad.
Verby die vuurlig het Buck twee kole in die donker sien gloei.
Siempre de dos en dos, eran los ojos de las bestias rapaces al acecho.
Altyd twee-twee, was hulle die oë van bekruipende roofdiere.
Escuchó cuerpos chocando contra la maleza y ruidos en la noche.
Hy het liggame deur bosse hoor bots en geluide in die nag hoor maak.
Acostado en la orilla del Yukón, parpadeando, Buck soñaba junto al fuego.
Terwyl hy op die Yukon-oewer gelê het, en sy oë geknip het, het Buck by die vuur gedroom.
Las vistas y los sonidos de ese mundo salvaje le ponían los pelos de punta.
Die besienswaardighede en geluide van daardie wilde wêreld het sy hare laat regop staan.
El pelaje se le subió por la espalda, los hombros y el cuello.
Die pels het langs sy rug, sy skouers en teen sy nek opgerys.
Él gimió suavemente o emitió un gruñido bajo y profundo en su pecho.
Hy het saggies gekreun of 'n lae grom diep in sy bors gegee.
Entonces el cocinero mestizo gritó: "¡Oye, Buck, despierta!"
Toe skree die halfbloedkok: "Haai, jy Buck, word wakker!"
El mundo de los sueños desapareció y la vida real regresó a los ojos de Buck.
Die droomwêreld het verdwyn, en die werklike lewe het teruggekeer in Buck se oë.
Iba a levantarse, estirarse y bostezar, como si acabara de despertar de una siesta.
Hy wou opstaan, strek en gaap, asof hy uit 'n middagslapie wakker gemaak is.
El viaje fue duro, con el trineo del correo arrastrándose detrás de ellos.

Die reis was moeilik, met die posslee wat agter hulle gesleep het.
Las cargas pesadas y el trabajo duro agotaban a los perros cada largo día.
Swaar vragte en harde werk het die honde elke lang dag uitgeput.
Llegaron a Dawson delgados, cansados y necesitando más de una semana de descanso.
Hulle het Dawson maer, moeg en met meer as 'n week se rus aangekom.
Pero sólo dos días después, emprendieron nuevamente el descenso por el Yukón.
Maar net twee dae later het hulle weer die Yukon afgevaar.
Estaban cargados con más cartas destinadas al mundo exterior.
Hulle was gelaai met meer briewe wat na die buitewêreld bestem was.
Los perros estaban exhaustos y los hombres se quejaban constantemente.
Die honde was uitgeput en die mans het aanhoudend gekla.
La nieve caía todos los días, suavizando el camino y ralentizando los trineos.
Sneeu het elke dag geval, die roete versag en die sleeë vertraag.
Esto provocó que el tirón fuera más difícil y hubo más resistencia para los corredores.
Dit het veroorsaak dat die hardlopers harder trek en meer weerstand bied.
A pesar de eso, los pilotos fueron justos y se preocuparon por sus equipos.
Ten spyte daarvan was die bestuurders regverdig en het hulle vir hul spanne omgegee.
Cada noche, los perros eran alimentados antes de que los hombres pudieran comer.
Elke aand is die honde gevoer voordat die mans kon eet.
Ningún hombre duerme sin antes revisar las patas de su propio perro.

Geen man het geslaap voordat hy nie sy eie hond se pote nagegaan het nie.
Aún así, los perros se fueron debilitando a medida que los kilómetros iban desgastando sus cuerpos.
Tog het die honde swakker geword soos die kilometers aan hul liggame gedra het.
Habían viajado mil ochocientas millas durante el invierno.
Hulle het agtienhonderd myl deur die winter gereis.
Tiraron de trineos a lo largo de cada milla de esa brutal distancia.
Hulle het sleeë oor elke myl van daardie brutale afstand getrek.
Incluso los perros de trineo más resistentes sienten tensión después de tantos kilómetros.
Selfs die taaiste sleehonde voel spanning na soveel kilometers.
Buck aguantó, mantuvo a su equipo trabajando y mantuvo la disciplina.
Buck het vasgehou, sy span aan die werk gehou en dissipline gehandhaaf.
Pero Buck estaba cansado, al igual que los demás en el largo viaje.
Maar Buck was moeg, net soos die ander op die lang reis.
Billee gemía y lloraba mientras dormía todas las noches sin falta.
Billee het elke nag sonder uitsondering in sy slaap gekreun en gehuil.
Joe se volvió aún más amargado y Solleks se mantuvo frío y distante.
Joe het selfs meer bitter geword, en Solleks het koud en afsydig gebly.
Pero fue Dave quien sufrió más de todo el equipo.
Maar dit was Dave wat die ergste van die hele span gely het.
Algo había ido mal dentro de él, aunque nadie sabía qué.
Iets het binne hom verkeerd geloop, hoewel niemand geweet het wat nie.
Se volvió más malhumorado y les gritaba a los demás con creciente enojo.

Hy het humeuriger geword en met toenemende woede na ander uitgevaar.

Cada noche iba directo a su nido, esperando ser alimentado.
Elke aand het hy reguit na sy nes gegaan en gewag om gevoer te word.

Una vez que cayó, Dave no se levantó hasta la mañana.
Toe hy eers onder was, het Dave eers die oggend weer opgestaan.

En las riendas, tirones o arranques repentinos le hacían gritar de dolor.
Aan die teuels het skielike rukke of skrikke hom van pyn laat uitroep.

Su conductor buscó la causa, pero no encontró heridos.
Sy bestuurder het na die oorsaak gesoek, maar geen beserings aan hom gevind nie.

Todos los conductores comenzaron a observar a Dave y discutieron su caso.
Al die bestuurders het Dave begin dophou en sy saak bespreek.

Hablaron durante las comidas y durante el último cigarrillo del día.
Hulle het tydens etes en tydens hul laaste rook van die dag gepraat.

Una noche tuvieron una reunión y llevaron a Dave al fuego.
Een aand het hulle 'n vergadering gehou en Dave na die vuur gebring.

Le apretaron y le palparon el cuerpo, y él gritaba a menudo.
Hulle het sy liggaam gedruk en ondersoek, en hy het dikwels uitgeroep.

Estaba claro que algo iba mal, aunque no parecía haber ningún hueso roto.
Dit was duidelik dat iets verkeerd was, alhoewel geen bene gebreek gelyk het nie.

Cuando llegaron a Cassiar Bar, Dave se estaba cayendo.
Teen die tyd dat hulle by Cassiar Bar aankom, het Dave begin val.

El mestizo escocés pidió un alto y eliminó a Dave del equipo.
Die Skotse halfbloed het halt geroep en Dave uit die span verwyder.
Sujetó a Solleks en el lugar de Dave, más cerca del frente del trineo.
Hy het Solleks in Dave se plek vasgemaak, naaste aan die slee se voorkant.
Su intención era dejar que Dave descansara y corriera libremente detrás del trineo en movimiento.
Hy wou Dave laat rus en vry agter die bewegende slee laat hardloop.
Pero incluso estando enfermo, Dave odiaba que lo sacaran del trabajo que había tenido.
Maar selfs siek, het Dave gehaat om van die werk wat hy gehad het, weggeneem te word.
Gruñó y gimió cuando le quitaron las riendas del cuerpo.
Hy het gegrom en gekerm toe die teuels van sy lyf af getrek is.
Cuando vio a Solleks en su lugar, lloró con el corazón roto.
Toe hy Solleks in sy plek sien, het hy van gebroke hartseer gehuil.
El orgullo por el trabajo en los senderos estaba profundamente arraigado en Dave, incluso cuando se acercaba la muerte.
Die trots van roetewerk was diep in Dave, selfs toe die dood nader kom.
Mientras el trineo se movía, Dave se tambaleaba sobre la nieve blanda cerca del sendero.
Terwyl die slee beweeg het, het Dave deur sagte sneeu naby die roete gestruikel.
Atacó a Solleks, mordiéndolo y empujándolo desde el costado del trineo.
Hy het Solleks aangeval, hom van die slee se kant af gebyt en gestoot.
Dave intentó saltar al arnés y recuperar su lugar de trabajo.
Dave het probeer om in die harnas te spring en sy werkplek terug te eis.

Gritó, se quejó y lloró, dividido entre el dolor y el orgullo por el trabajo.
Hy het gegil, gekerm en gehuil, verskeur tussen pyn en trots in arbeid.

El mestizo usó su látigo para intentar alejar a Dave del equipo.
Die halfbloed het sy sweep gebruik om Dave van die span af te probeer wegdryf.

Pero Dave ignoró el látigo y el hombre no pudo golpearlo más fuerte.
Maar Dave het die hou geïgnoreer, en die man kon hom nie harder slaan nie.

Dave rechazó el camino más fácil detrás del trineo, donde la nieve estaba acumulada.
Dave het die makliker pad agter die slee geweier, waar die sneeu vasgepak was.

En cambio, luchaba en la nieve profunda junto al sendero, en la miseria.
In plaas daarvan het hy in die diep sneeu langs die paadjie gesukkel, in ellende.

Finalmente, Dave se desplomó, quedó tendido en la nieve y aullando de dolor.
Uiteindelik het Dave ineengestort, in die sneeu gelê en van die pyn gehuil.

Gritó cuando el largo tren de trineos pasó a su lado uno por uno.
Hy het uitgeroep toe die lang trein sleeë een vir een verby hom ry.

Aún con las fuerzas que le quedaban, se levantó y tropezó tras ellos.
Tog, met die oorblywende krag, het hy opgestaan en agter hulle aan gestruikel.

Lo alcanzó cuando el tren se detuvo nuevamente y encontró su viejo trineo.
Hy het ingehaal toe die trein weer stilhou en sy ou slee gevind.

Pasó junto a los otros equipos y se quedó de nuevo al lado de Solleks.
Hy het verby die ander spanne gestruikel en weer langs Solleks gaan staan.
Cuando el conductor se detuvo para encender su pipa, Dave aprovechó su última oportunidad.
Toe die bestuurder stilhou om sy pyp aan te steek, het Dave sy laaste kans gewaag.
Cuando el conductor regresó y gritó, el equipo no avanzó.
Toe die bestuurder terugkeer en skree, het die span nie vorentoe beweeg nie.
Los perros habían girado la cabeza, confundidos por la parada repentina.
Die honde het hul koppe gedraai, verward deur die skielike stilstand.
El conductor también estaba sorprendido: el trineo no se había movido ni un centímetro hacia adelante.
Die bestuurder was ook geskok—die slee het nie 'n duim vorentoe beweeg nie.
Llamó a los demás para que vinieran a ver qué había sucedido.
Hy het na die ander geroep om te kom kyk wat gebeur het.
Dave había mordido las riendas de Solleks, rompiéndolas ambas.
Dave het deur Solleks se teuels gekou en albei uitmekaar gebreek.
Ahora estaba de pie frente al trineo, nuevamente en su posición correcta.
Nou het hy voor die slee gestaan, terug in sy regmatige posisie.
Dave miró al conductor y le rogó en silencio que se mantuviera en el carril.
Dave het na die bestuurder opgekyk en stilweg gesmeek om in die spore te bly.
El conductor estaba desconcertado, sin saber qué hacer con el perro que luchaba.

Die bestuurder was verward, onseker oor wat om vir die sukkelende hond te doen.
Los otros hombres hablaron de perros que habían muerto al ser sacados a la calle.
Die ander mans het gepraat van honde wat gevrek het omdat hulle uitgehaal is.
Contaron sobre perros viejos o heridos cuyo corazón se rompió al ser abandonados.
Hulle het vertel van ou of beseerde honde wie se harte gebreek het toe hulle agtergelaat is.
Estuvieron de acuerdo en que era una misericordia dejar que Dave muriera mientras aún estaba en su arnés.
Hulle het ooreengekom dat dit genade was om Dave te laat sterf terwyl hy nog in sy harnas was.
Lo volvieron a sujetar al trineo y Dave tiró con orgullo.
Hy was terug op die slee vasgemaak, en Dave het met trots getrek.
Aunque a veces gritaba, trabajaba como si el dolor pudiera ignorarse.
Alhoewel hy soms uitgeroep het, het hy gewerk asof pyn geïgnoreer kon word.
Más de una vez se cayó y fue arrastrado antes de levantarse de nuevo.
Meer as een keer het hy geval en is hy gesleep voordat hy weer opgestaan het.
Un día, el trineo pasó por encima de él y desde ese momento empezó a cojear.
Eenkeer het die slee oor hom gerol, en hy het van daardie oomblik af mank geloop.
Aún así, trabajó hasta llegar al campamento y luego se acostó junto al fuego.
Tog het hy gewerk totdat hy die kamp bereik het, en toe by die vuur gelê.
Por la mañana, Dave estaba demasiado débil para viajar o incluso mantenerse en pie.
Teen die oggend was Dave te swak om te reis of selfs regop te staan.

En el momento de preparar el arnés, intentó alcanzar a su conductor con un esfuerzo tembloroso.
Met die aanbring van die harnas het hy met bewerige inspanning probeer om sy bestuurder te bereik.
Se obligó a levantarse, se tambaleó y se desplomó sobre el suelo nevado.
Hy het homself orent gedwing, gestruikel en op die sneeubedekte grond ineengestort.
Utilizando sus patas delanteras, arrastró su cuerpo hacia el área del arnés.
Met sy voorpote het hy sy lyf na die harnasarea gesleep.
Avanzó poco a poco, centímetro a centímetro, hacia los perros de trabajo.
Hy het homself vorentoe gehaak, duim vir duim, na die werkhonde toe.
Sus fuerzas se acabaron, pero siguió avanzando en su último y desesperado esfuerzo.
Sy krag het opgegee, maar hy het aangehou beweeg in sy laaste desperate stoot.
Sus compañeros de equipo lo vieron jadeando en la nieve, todavía deseando unirse a ellos.
Sy spanmaats het hom in die sneeu sien hyg, steeds verlangend om by hulle aan te sluit.
Lo oyeron aullar de dolor mientras dejaban atrás el campamento.
Hulle het hom hoor huil van droefheid toe hulle die kamp agterlaat.
Cuando el equipo desapareció entre los árboles, el grito de Dave resonó detrás de ellos.
Terwyl die span in die bome verdwyn het, het Dave se geroep agter hulle weergalm.
El tren de trineos se detuvo brevemente después de cruzar un tramo de bosque junto al río.
Die sleetrein het kortliks stilgehou nadat dit 'n stuk rivierhout oorgesteek het.
El mestizo escocés caminó lentamente de regreso hacia el campamento que estaba detrás.

Die Skotse halfbloed het stadig teruggeloop na die kamp agter.

Los hombres dejaron de hablar cuando lo vieron salir del tren de trineos.

Die mans het opgehou praat toe hulle hom die sleetrein sien verlaat.

Entonces un único disparo se oyó claro y nítido en el camino.

Toe het 'n enkele geweerskoot helder en skerp oor die paadjie geklink.

El hombre regresó rápidamente y ocupó su lugar sin decir palabra.

Die man het vinnig teruggekeer en sonder 'n woord sy plek ingeneem.

Los látigos crujieron, las campanas tintinearon y los trineos rodaron por la nieve.

Swepe het geklap, klokke het geklingel, en die slee het deur die sneeu gerol.

Pero Buck sabía lo que había sucedido... y todos los demás perros también.

Maar Buck het geweet wat gebeur het — en so ook elke ander hond.

El trabajo de las riendas y el sendero
Die Swoeg van Teuels en Roete

Treinta días después de salir de Dawson, el Salt Water Mail llegó a Skaguay.
Dertig dae nadat hulle Dawson verlaat het, het die Salt Water Mail Skaguay bereik.
Buck y sus compañeros tomaron la delantera, llegando en lamentables condiciones.
Buck en sy spanmaats het die voortou geneem en in 'n jammerlike toestand aangekom.
Buck había bajado de ciento cuarenta a ciento quince libras.
Buck het van honderdveertig na honderdvyftien pond verloor.
Los otros perros, aunque más pequeños, habían perdido aún más peso corporal.
Die ander honde, hoewel kleiner, het selfs meer liggaamsgewig verloor.
Pike, que antes fingía cojear, ahora arrastraba tras él una pierna realmente herida.
Pike, eens 'n vals mankloper, het nou 'n werklik beseerde been agter hom gesleep.
Solleks cojeaba mucho y Dub tenía un omóplato torcido.
Solleks het erg mank geloop, en Dub het 'n geskeerde skouerblad gehad.
Todos los perros del equipo tenían las patas doloridas por las semanas que pasaron en el sendero helado.
Elke hond in die span was seer van weke op die bevrore roete.
Ya no tenían resorte en sus pasos, sólo un movimiento lento y arrastrado.
Hulle het geen veerkrag meer in hul stappe gehad nie, net stadige, sleepende beweging.
Sus pies golpeaban el sendero con fuerza y cada paso añadía más tensión a sus cuerpos.
Hul voete tref die paadjie hard, elke tree plaas meer spanning op hul liggame.
No estaban enfermos, sólo agotados más allá de toda recuperación natural.

Hulle was nie siek nie, net uitgeput tot onopvallende natuurlike herstel.

No era el cansancio de un día duro que se curaba con una noche de descanso.

Dit was nie moegheid van een harde dag, genees met 'n nagrus nie.

Fue un agotamiento acumulado lentamente a lo largo de meses de esfuerzo agotador.

Dit was uitputting wat stadig opgebou is deur maande se uitmergelende inspanning.

No quedaban reservas de fuerza: habían agotado todas las que tenían.

Geen reserwekrag het oorgebly nie—hulle het elke bietjie wat hulle gehad het, opgebruik.

Cada músculo, fibra y célula de sus cuerpos estaba gastado y desgastado.

Elke spier, vesel en sel in hulle liggame was uitgeput en afgetakel.

Y había una razón: habían recorrido dos mil quinientas millas.

En daar was 'n rede—hulle het vyf-en-twintig honderd myl afgelê.

Habían descansado sólo cinco días durante las últimas mil ochocientas millas.

Hulle het slegs vyf dae gerus gedurende die laaste agtienhonderd myl.

Cuando llegaron a Skaguay, parecían apenas capaces de mantenerse en pie.

Toe hulle Skaguay bereik, het dit gelyk of hulle skaars regop kon staan.

Se esforzaron por mantener las riendas tensas y permanecer delante del trineo.

Hulle het gesukkel om die teuels styf te hou en voor die slee te bly.

En las bajadas sólo lograron evitar ser atropellados.

Op afdraandes het hulle net daarin geslaag om te vermy om omgery te word.

"Sigan adelante, pobres pies doloridos", dijo el conductor mientras cojeaban.

"Marsjeer aan, arme seer voete," het die bestuurder gesê terwyl hulle mank gery het.

"Este es el último tramo, luego todos tendremos un largo descanso, seguro".

"Dis die laaste stuk, dan kry ons almal verseker een lang ruskans."

"Un descanso verdaderamente largo", prometió mientras los observaba tambalearse hacia adelante.

"Een werklik lang ruskans," het hy belowe terwyl hy hulle dopgehou het terwyl hulle vorentoe strompel.

Los conductores esperaban que ahora tuvieran un descanso largo y necesario.

Die bestuurders het verwag dat hulle nou 'n lang, nodige blaaskans sou kry.

Habían recorrido mil doscientas millas con sólo dos días de descanso.

Hulle het twaalfhonderd myl afgelê met slegs twee dae se rus.

Por justicia y razón, sintieron que se habían ganado tiempo para relajarse.

Uit billikheid en rede het hulle gevoel dat hulle tyd verdien het om te ontspan.

Pero eran demasiados los que habían llegado al Klondike y muy pocos los que se habían quedado en casa.

Maar te veel het na die Klondike gekom, en te min het tuis gebly.

Las cartas de las familias llegaron en masa, creando montañas de correo retrasado.

Briewe van families het ingestroom, wat hope vertraagde pos veroorsaak het.

Llegaron órdenes oficiales: nuevos perros de la Bahía de Hudson tomarían el control.

Amptelike bevele het aangekom—nuwe Hudsonbaai-honde sou oorneem.

Los perros exhaustos, ahora llamados inútiles, debían ser eliminados.

Die uitgeputte honde, nou as waardeloos beskou, moes van die hand gesit word.

Como el dinero importaba más que los perros, los iban a vender a bajo precio.

Aangesien geld meer as honde saak gemaak het, sou hulle goedkoop verkoop word.

Pasaron tres días más antes de que los perros sintieran lo débiles que estaban.

Nog drie dae het verbygegaan voordat die honde gevoel het hoe swak hulle was.

En la cuarta mañana, dos hombres de Estados Unidos compraron todo el equipo.

Op die vierde oggend het twee mans van die State die hele span gekoop.

La venta incluía todos los perros, además de sus arneses usados.

Die verkoop het al die honde ingesluit, plus hul verslete harnastoerusting.

Los hombres se llamaban entre sí "Hal" y "Charles" mientras completaban el trato.

Die mans het mekaar "Hal" en "Charles" genoem terwyl hulle die transaksie voltooi het.

Charles era un hombre de mediana edad, pálido, con labios flácidos y puntas de bigote feroces.

Charles was middeljarig, bleek, met slap lippe en woeste snorpunte.

Hal era un hombre joven, de unos diecinueve años, que llevaba un cinturón lleno de cartuchos.

Hal was 'n jong man, miskien negentien, met 'n gordel vol patroon.

El cinturón contenía un gran revólver y un cuchillo de caza, ambos sin usar.

Die gordel het 'n groot rewolwer en 'n jagmes bevat, albei ongebruik.

Esto demostró lo inexperto e inadecuado que era para la vida en el norte.

Dit het getoon hoe onervare en ongeskik hy was vir die noordelike lewe.

Ninguno de los dos pertenecía a la naturaleza; su presencia desafiaba toda razón.

Nie een van die manne het in die natuur hoort nie; hul teenwoordigheid het alle rede getrotseer.

Buck observó cómo el dinero intercambiaba manos entre el comprador y el agente.

Buck het gekyk hoe geld tussen koper en agent oorgedra is.

Sabía que los conductores de trenes correos abandonaban su vida como el resto.

Hy het geweet die postreindrywers verlaat sy lewe soos die res.

Siguieron a Perrault y a François, ahora desaparecidos sin posibilidad de recuperación.

Hulle het Perrault en François gevolg, nou onherroeplik.

Buck y el equipo fueron conducidos al descuidado campamento de sus nuevos dueños.

Buck en die span is na hul nuwe eienaars se slordige kamp gelei.

La tienda se hundía, los platos estaban sucios y todo estaba desordenado.

Die tent het gesak, die skottelgoed was vuil, en alles het in wanorde gelê.

Buck también notó que había una mujer allí: Mercedes, la esposa de Charles y hermana de Hal.

Buck het ook 'n vrou daar opgemerk—Mercedes, Charles se vrou en Hal se suster.

Formaban una familia completa, aunque no eran aptos para el recorrido.

Hulle het 'n volledige gesin gemaak, alhoewel glad nie geskik vir die roete nie.

Buck observó nervioso cómo el trío comenzó a empacar los suministros.

Buck het senuweeagtig gekyk terwyl die drietal die voorraad begin pak het.

Trabajaron duro, pero sin orden: sólo alboroto y esfuerzos desperdiciados.
Hulle het hard gewerk, maar sonder orde—net ophef en vermorste moeite.
La tienda estaba enrollada hasta formar un volumen demasiado grande para el trineo.
Die tent was in 'n lywige vorm opgerol, heeltemal te groot vir die slee.
Los platos sucios se empaquetaron sin limpiarlos ni secarlos.
Vuil skottelgoed is verpak sonder om glad nie skoongemaak of gedroog te word nie.
Mercedes revoloteaba por todos lados, hablando, corrigiendo y entrometiéndose constantemente.
Mercedes het rondgefladder, aanhoudend gepraat, reggestel en ingemeng.
Cuando le ponían un saco en el frente, ella insistía en que lo pusieran en la parte de atrás.
Toe 'n sak voor geplaas is, het sy daarop aangedring dat dit agterop geplaas word.
Metió la bolsa en el fondo y al siguiente momento la necesitó.
Sy het die sak onderin gepak, en die volgende oomblik het sy dit nodig gehad.
De esta manera, el trineo fue desempaquetado nuevamente para alcanzar la bolsa específica.
So is die slee weer uitgepak om by die een spesifieke sak uit te kom.
Cerca de allí, tres hombres estaban parados afuera de una tienda de campaña, observando cómo se desarrollaba la escena.
Daar naby het drie mans buite 'n tent gestaan en die toneel dopgehou.
Sonrieron, guiñaron el ojo y sonrieron ante la evidente confusión de los recién llegados.
Hulle het geglimlag, geknipoog en geglimlag vir die nuwelinge se ooglopende verwarring.

"Ya tienes una carga bastante pesada", dijo uno de los hombres.

"Jy het reeds 'n baie swaar vrag," het een van die mans gesê.

"No creo que debas llevar esa tienda de campaña, pero es tu elección".

"Ek dink nie jy moet daardie tent dra nie, maar dis jou keuse."

"¡Inimaginable!", exclamó Mercedes levantando las manos con desesperación.

"Ongedroomd!" roep Mercedes uit en gooi haar hande in wanhoop in die lug.

"¿Cómo podría viajar sin una tienda de campaña donde refugiarme?"

"Hoe kan ek moontlik reis sonder 'n tent om onder te bly?"

"Es primavera, ya no volverás a ver el frío", respondió el hombre.

"Dis lentetyd—jy sal nie weer koue weer sien nie," het die man geantwoord.

Pero ella meneó la cabeza y ellos siguieron apilando objetos en el trineo.

Maar sy het haar kop geskud, en hulle het aangehou om items op die slee te stapel.

La carga se elevó peligrosamente a medida que añadían los últimos elementos.

Die vrag het gevaarlik hoog getoorn toe hulle die laaste dinge bygevoeg het.

"¿Crees que el trineo se deslizará?" preguntó uno de los hombres con mirada escéptica.

"Dink jy die slee sal ry?" het een van die mans met 'n skeptiese uitdrukking gevra.

"¿Por qué no debería?", replicó Charles con gran fastidio.

"Waarom nie?" het Charles met skerp ergernis teruggekap.

—Está bien —dijo rápidamente el hombre, alejándose un poco de la ofensa.

"O, dis reg so," het die man vinnig gesê en van die aanstoot teruggedeins.

"Solo me preguntaba, me pareció que tenía la parte superior demasiado pesada".

"Ek het net gewonder—dit het net vir my 'n bietjie te swaar bo-op gelyk."

Charles se dio la vuelta y ató la carga lo mejor que pudo.
Charles het weggedraai en die vrag so goed as wat hy kon vasgemaak.

Pero las ataduras estaban sueltas y el embalaje en general estaba mal hecho.
Maar die vasmaakplekke was los en die verpakking oor die algemeen swak gedoen.

"Claro, los perros tirarán de eso todo el día", dijo otro hombre con sarcasmo.
"Natuurlik, die honde sal dit heeldag trek," het 'n ander man sarkasties gesê.

—Por supuesto —respondió Hal con frialdad, agarrando el largo palo del trineo.
"Natuurlik," antwoord Hal koud en gryp die slee se lang geestok.

Con una mano en el poste, blandía el látigo con la otra.
Met een hand aan die paal het hy die sweep in die ander geswaai.

"¡Vamos!", gritó. "¡Muévanse!", instando a los perros a empezar.
"Kom ons gaan!" het hy geskree. "Beweeg dit!" en die honde aangespoor om te begin.

Los perros se inclinaron hacia el arnés y se tensaron durante unos instantes.
Die honde het in die harnas geleun en vir 'n paar oomblikke gespanne geraak.

Entonces se detuvieron, incapaces de mover ni un centímetro el trineo sobrecargado.
Toe het hulle stilgehou, nie in staat om die oorlaaide slee 'n duim te beweeg nie.

—¡Esos brutos perezosos! —gritó Hal, levantando el látigo para golpearlos.
"Die lui brute diere!" het Hal geskree en die sweep opgelig om hulle te slaan.

Pero Mercedes entró corriendo y le arrebató el látigo de las manos a Hal.

Maar Mercedes het ingestorm en die sweep uit Hal se hande gegryp.

—Oh, Hal, no te atrevas a hacerles daño —gritó alarmada.

"Ag, Hal, moenie dit waag om hulle seer te maak nie," het sy verskrik uitgeroep.

"Prométeme que serás amable con ellos o no daré un paso más".

"Beloof my dat jy goedhartig teenoor hulle sal wees, anders gaan ek nie verder nie."

—No sabes nada de perros —le espetó Hal a su hermana.

"Jy weet niks van honde af nie," het Hal vir sy suster gesê.

"Son perezosos y la única forma de moverlos es azotándolos".

"Hulle is lui, en die enigste manier om hulle te beweeg, is om hulle te slaan."

"Pregúntale a cualquiera, pregúntale a uno de esos hombres de allí si dudas de mí".

"Vra enigiemand—vra een van daardie mans daar oorkant as jy aan my twyfel."

Mercedes miró a los espectadores con ojos suplicantes y llorosos.

Mercedes het die omstanders met smekende, tranerige oë aangekyk.

Su rostro mostraba lo profundamente que odiaba ver cualquier dolor.

Haar gesig het getoon hoe diep sy die aanskoue van enige pyn gehaat het.

"Están débiles, eso es todo", dijo un hombre. "Están agotados".

"Hulle is swak, dis al," het een man gesê. "Hulle is uitgeput."

"Necesitan descansar, han trabajado demasiado tiempo sin descansar".

"Hulle het rus nodig—hulle is te lank sonder 'n pouse gewerk."

—Maldito sea el resto —murmuró Hal con el labio curvado.

"Mag die res vervloek wees," mompel Hal met sy lip opgetrek.

Mercedes jadeó, visiblemente dolida por la grosera palabra que pronunció.

Mercedes het na haar asem gesnak, duidelik pynlik oor die growwe woord van hom.

Aún así, ella se mantuvo leal y defendió instantáneamente a su hermano.

Tog het sy lojaal gebly en haar broer onmiddellik verdedig.

—No le hagas caso a ese hombre —le dijo a Hal—. Son nuestros perros.

"Moenie jou aan daardie man steur nie," het sy vir Hal gesê. "Hulle is ons honde."

"Los conduces como mejor te parezca, haz lo que creas correcto".

"Jy bestuur hulle soos jy goeddink—doen wat jy dink reg is."

Hal levantó el látigo y volvió a golpear a los perros sin piedad.

Hal het die sweep opgelig en die honde weer sonder genade geslaan.

Se lanzaron hacia adelante, con el cuerpo agachado y los pies hundidos en la nieve.

Hulle het vorentoe gestorm, liggame laag, voete in die sneeu gedruk.

Ponían toda su fuerza en tirar, pero el trineo no se movía.

Al hulle krag het in die trekkrag gegaan, maar die slee het nie beweeg nie.

El trineo quedó atascado, como un ancla congelada en la nieve compacta.

Die slee het vasgesteek, soos 'n anker wat in die gepakte sneeu gevries is.

Tras un segundo esfuerzo, los perros se detuvieron de nuevo, jadeando con fuerza.

Na 'n tweede poging het die honde weer gestop, hard hyggend.

Hal levantó el látigo una vez más, justo cuando Mercedes interfirió nuevamente.

Hal het die sweep weer eens gelig, net toe Mercedes weer inmeng.

Ella cayó de rodillas frente a Buck y abrazó su cuello.

Sy het voor Buck op haar knieë geval en sy nek omhels.

Las lágrimas llenaron sus ojos mientras le suplicaba al perro exhausto.

Trane het haar oë gevul terwyl sy die uitgeputte hond gesmeek het.

"Pobres queridos", dijo, "¿por qué no tiran más fuerte?"

"Julle arme dierbares," het sy gesê, "hoekom trek julle nie net harder nie?"

"Si tiras, no te azotarán así".

"As jy trek, sal jy nie so geslaan word nie."

A Buck no le gustaba Mercedes, pero estaba demasiado cansado para resistirse a ella ahora.

Buck het nie van Mercedes gehou nie, maar hy was te moeg om haar nou te weerstaan.

Él aceptó sus lágrimas como una parte más de ese día miserable.

Hy het haar trane as net nog 'n deel van die ellendige dag aanvaar.

Uno de los hombres que observaban finalmente habló después de contener su ira.

Een van die mans wat toekyk, het uiteindelik gepraat nadat hy sy woede onderdruk het.

"No me importa lo que les pase a ustedes, pero esos perros importan".

"Ek gee nie om wat met julle gebeur nie, maar daardie honde maak saak."

"Si quieres ayudar, suelta ese trineo: está congelado hasta la nieve".

"As jy wil help, breek daardie slee los — dis vasgevries tot die sneeu."

"Presiona con fuerza el polo G, derecha e izquierda, y rompe el sello de hielo".

"Druk hard op die gee-paal, regs en links, en breek die ysseël."

Se hizo un tercer intento, esta vez siguiendo la sugerencia del hombre.
'n Derde poging is aangewend, hierdie keer na aanleiding van die man se voorstel.
Hal balanceó el trineo de un lado a otro, soltando los patines.
Hal het die slee van kant tot kant gewieg en die lopers losgebreek.
El trineo, aunque sobrecargado y torpe, finalmente avanzó con dificultad.
Die slee, hoewel oorlaai en lomp, het uiteindelik vorentoe geslinger.
Buck y los demás tiraron salvajemente, impulsados por una tormenta de latigazos.
Buck en die ander het wild getrek, gedryf deur 'n storm sweepslae.
Cien metros más adelante, el sendero se curvaba y descendía hacia la calle.
Honderd meter vorentoe het die paadjie gebuig en in die straat afgegaan.
Se hubiera necesitado un conductor habilidoso para mantener el trineo en posición vertical.
Dit sou 'n bekwame bestuurder geverg het om die slee regop te hou.
Hal no era hábil y el trineo se volcó al girar en la curva.
Hal was nie vaardig nie, en die slee het gekantel toe dit om die draai swaai.
Las ataduras sueltas cedieron y la mitad de la carga se derramó sobre la nieve.
Los vasmaakbande het meegegee, en die helfte van die vrag het op die sneeu geval.
Los perros no se detuvieron; el trineo, más ligero, siguió volando de lado.
Die honde het nie gestop nie; die ligter slee het op sy sy gevlieg.
Enojados por el abuso y la pesada carga, los perros corrieron más rápido.

Woedend van die mishandeling en die swaar las, het die honde vinniger gehardloop.

Buck, furioso, echó a correr, con el equipo siguiéndolo detrás.

Buck, in woede, het begin hardloop, met die span wat agter hom aanloop.

Hal gritó "¡Guau! ¡Guau!", pero el equipo no le hizo caso.

Hal het geskree "Whoa! Whoa!" maar die span het geen aandag aan hom geskenk nie.

Tropezó, cayó y fue arrastrado por el suelo por el arnés.

Hy het gestruikel, geval en is deur die harnas oor die grond gesleep.

El trineo volcado saltó sobre él mientras los perros corrían delante.

Die omgekeerde slee het oor hom gestamp terwyl die honde vorentoe gejaag het.

El resto de los suministros se dispersaron por la concurrida calle de Skaguay.

Die res van die voorrade het oor Skaguay se besige straat versprei gelê.

La gente bondadosa se apresuró a detener a los perros y recoger el equipo.

Goedhartige mense het gehardloop om die honde te stop en die toerusting bymekaar te maak.

También dieron consejos, contundentes y prácticos, a los nuevos viajeros.

Hulle het ook raad, reguit en prakties, aan die nuwe reisigers gegee.

"Si quieres llegar a Dawson, lleva la mitad de la carga y el doble de perros".

"As jy Dawson wil bereik, neem die helfte van die vrag en verdubbel die honde."

Hal, Charles y Mercedes escucharon, aunque no con entusiasmo.

Hal, Charles en Mercedes het geluister, maar nie met entoesiasme nie.

Instalaron su tienda de campaña y comenzaron a clasificar sus suministros.
Hulle het hul tent opgeslaan en begin om hul voorraad uit te sorteer.
Salieron alimentos enlatados, lo que hizo reír a carcajadas a los espectadores.
Ingemaakte goedere het uitgekom, wat omstanders hardop laat lag het.
"¿Enlatado en el camino? Te morirás de hambre antes de que se derrita", dijo uno.
"Ingemaakte goed op die roete? Jy sal verhonger voordat dit smelt," het een gesê.
¿Mantas de hotel? Mejor tíralas todas.
"Hotelkomberse? Jy is beter daaraan toe om hulle almal weg te gooi."
"Si también deshazte de la tienda de campaña, aquí nadie lava los platos".
"Gooi ook die tent weg, en niemand was skottelgoed hier nie."
¿Crees que estás viajando en un tren Pullman con sirvientes a bordo?
"Dink jy jy ry op 'n Pullman-trein met bediendes aan boord?"
El proceso comenzó: todos los objetos inútiles fueron arrojados a un lado.
Die proses het begin—elke nuttelose item is eenkant gegooi.
Mercedes lloró cuando sus maletas fueron vaciadas en el suelo nevado.
Mercedes het gehuil toe haar tasse op die sneeubedekte grond leeggemaak is.
Ella sollozaba por cada objeto que tiraba, uno por uno, sin pausa.
Sy het sonder ophou gehuil oor elke item wat uitgegooi is, een vir een.
Ella juró no dar un paso más, ni siquiera por diez Charleses.
Sy het belowe om nie een tree verder te gee nie—nie eens vir tien Charleses nie.
Ella le rogó a cada persona cercana que le permitiera conservar sus cosas preciosas.

Sy het elke persoon naby gesmeek om haar toe te laat om haar kosbare besittings te hou.
Por último, se secó los ojos y comenzó a arrojar incluso la ropa más importante.
Uiteindelik het sy haar oë afgevee en selfs noodsaaklike klere begin weggooi.
Cuando terminó con los suyos, comenzó a vaciar los suministros de los hombres.
Toe sy klaar was met haar eie, het sy die mans se voorrade begin leegmaak.
Como un torbellino, destrozó las pertenencias de Charles y Hal.
Soos 'n warrelwind het sy deur Charles en Hal se besittings geskeur.
Aunque la carga se redujo a la mitad, todavía era mucho más pesada de lo necesario.
Alhoewel die lading gehalveer is, was dit steeds baie swaarder as wat nodig was.
Esa noche, Charles y Hal salieron y compraron seis perros nuevos.
Daardie aand het Charles en Hal uitgegaan en ses nuwe honde gekoop.
Estos nuevos perros se unieron a los seis originales, además de Teek y Koona.
Hierdie nuwe honde het by die oorspronklike ses aangesluit, plus Teek en Koona.
Juntos formaron un equipo de catorce perros enganchados al trineo.
Saam het hulle 'n span van veertien honde gevorm wat aan die slee vasgemaak is.
Pero los nuevos perros no eran aptos y estaban mal entrenados para el trabajo con trineos.
Maar die nuwe honde was ongeskik en swak opgelei vir sleewerk.
Tres de los perros eran pointers de pelo corto y uno era un Terranova.

Drie van die honde was korthaar-wysers, en een was 'n Newfoundland.
Los dos últimos perros eran mestizos, sin ninguna raza ni propósito claros.
Die laaste twee honde was basters van geen duidelike ras of doel hoegenaamd nie.
No entendieron el camino y no lo aprendieron rápidamente.
Hulle het die roete nie verstaan nie, en hulle het dit nie vinnig geleer nie.
Buck y sus compañeros los miraron con desprecio y profunda irritación.
Buck en sy makkers het hulle met minagting en diepe irritasie dopgehou.
Aunque Buck les enseñó lo que no debían hacer, no podía enseñarles cuál era el deber.
Alhoewel Buck hulle geleer het wat om nie te doen nie, kon hy hulle nie plig leer nie.
No se adaptaron bien a la vida en senderos ni al tirón de las riendas y los trineos.
Hulle het nie goed verdra om die lewe agterna te loop of die trek van teuels en slee nie.
Sólo los mestizos intentaron adaptarse, e incluso a ellos les faltó espíritu de lucha.
Slegs die basterdiere het probeer aanpas, en selfs hulle het veggees kortgekom.
Los demás perros estaban confundidos, debilitados y destrozados por su nueva vida.
Die ander honde was verward, verswak en gebroke deur hul nuwe lewe.
Con los nuevos perros desorientados y los viejos exhaustos, la esperanza era escasa.
Met die nuwe honde sonder enige idee en die oues uitgeput, was die hoop skraal.
El equipo de Buck había recorrido dos mil quinientas millas de senderos difíciles.
Buck se span het vyf-en-twintig honderd myl se rowwe roete afgelê.

Aún así, los dos hombres estaban alegres y orgullosos de su gran equipo de perros.
Tog was die twee mans vrolik en trots op hul groot hondespan.
Creían que viajaban con estilo, con catorce perros enganchados.
Hulle het gedink hulle reis in styl, met veertien honde vasgehaak.
Habían visto trineos partir hacia Dawson y otros llegar desde allí.
Hulle het sleeë na Dawson sien vertrek, en ander daarvandaan sien aankom.
Pero nunca habían visto uno tirado por tantos catorce perros.
Maar nog nooit het hulle een gesien wat deur soveel as veertien honde getrek word nie.
Había una razón por la que equipos como ese eran raros en el desierto del Ártico.
Daar was 'n rede waarom sulke spanne skaars in die Arktiese wildernis was.
Ningún trineo podría transportar suficiente comida para alimentar a catorce perros durante el viaje.
Geen slee kon genoeg kos dra om veertien honde vir die reis te voed nie.
Pero Charles y Hal no lo sabían: habían hecho los cálculos.
Maar Charles en Hal het dit nie geweet nie—hulle het die wiskunde gedoen.
Planificaron la comida: tanta cantidad por perro, tantos días, y listo.
Hulle het die kos met potlood neergeskryf: soveel per hond, soveel dae, klaar.
Mercedes miró sus figuras y asintió como si tuviera sentido.
Mercedes het na hul syfers gekyk en geknik asof dit sin maak.
Todo le parecía muy sencillo, al menos en el papel.
Dit het alles vir haar baie eenvoudig gelyk, ten minste op papier.

A la mañana siguiente, Buck guió al equipo lentamente por la calle nevada.
Die volgende oggend het Buck die span stadig die sneeubedekte straat op gelei.

No había energía ni espíritu en él ni en los perros detrás de él.
Daar was geen energie of gees in hom of die honde agter hom nie.

Estaban muertos de cansancio desde el principio: no les quedaban reservas.
Hulle was van die begin af doodmoeg—daar was geen reserwe oor nie.

Buck ya había hecho cuatro viajes entre Salt Water y Dawson.
Buck het reeds vier reise tussen Salt Water en Dawson gemaak.

Ahora, enfrentado nuevamente el mismo desafío, no sentía nada más que amargura.
Nou, terwyl hy weer met dieselfde spoor te kampe gehad het, het hy niks anders as bitterheid gevoel nie.

Su corazón no estaba en ello, ni tampoco el corazón de los otros perros.
Sy hart was nie daarin nie, en ook nie die harte van die ander honde nie.

Los nuevos perros eran tímidos y los huskies carecían de confianza.
Die nuwe honde was skugter, en die huskies het alle vertroue kortgekom.

Buck sintió que no podía confiar en estos dos hombres ni en su hermana.
Buck het aangevoel dat hy nie op hierdie twee mans of hul suster kon staatmaak nie.

No sabían nada y no mostraron señales de aprender en el camino.
Hulle het niks geweet nie en geen tekens van leer op die roete getoon nie.

Estaban desorganizados y carecían de cualquier sentido de disciplina.
Hulle was ongeorganiseerd en het geen sin vir dissipline gehad nie.
Les tomó media noche montar un campamento descuidado cada vez.
Dit het hulle elke keer die helfte van die nag geneem om 'n slordige kamp op te slaan.
Y la mitad de la mañana siguiente la pasaron otra vez jugueteando con el trineo.
En die helfte van die volgende oggend het hulle weer met die slee gepeuter.
Al mediodía, a menudo se detenían simplemente para arreglar la carga desigual.
Teen die middaguur het hulle dikwels gestop net om die ongelyke vrag reg te maak.
Algunos días, viajaron menos de diez millas en total.
Op sommige dae het hulle minder as tien myl in totaal afgelê.
Otros días ni siquiera conseguían salir del campamento.
Ander dae het hulle glad nie daarin geslaag om die kamp te verlaat nie.
Nunca llegaron a cubrir la distancia alimentaria planificada.
Hulle het nooit naby gekom om die beplande voedselafstand af te lê nie.
Como era de esperar, muy rápidamente se quedaron sin comida para los perros.
Soos verwag, het hulle baie vinnig kos vir die honde kortgekom.
Empeoró las cosas sobrealimentándolos en los primeros días.
Hulle het sake vererger deur in die vroeë dae oor te voer.
Esto acercaba la hambruna con cada ración descuidada.
Dit het hongersnood nader gebring met elke sorgelose rantsoen.
Los nuevos perros no habían aprendido a sobrevivir con muy poco.
Die nuwe honde het nie geleer om met baie min te oorleef nie.

Comieron con hambre, con apetitos demasiado grandes para el camino.
Hulle het hongerig geëet, met 'n aptyt te groot vir die roete.
Al ver que los perros se debilitaban, Hal creyó que la comida no era suficiente.
Toe Hal sien hoe die honde verswak, het hy geglo dat die kos nie genoeg was nie.
Duplicó las raciones, empeorando aún más el error.
Hy het die rantsoene verdubbel, wat die fout nog erger gemaak het.
Mercedes añadió más problemas con lágrimas y suaves súplicas.
Mercedes het met trane en sagte smeekbedes tot die probleem bygedra.
Cuando no pudo convencer a Hal, alimentó a los perros en secreto.
Toe sy Hal nie kon oortuig nie, het sy die honde in die geheim gevoer.
Ella robó de los sacos de pescado y se lo dio a sus espaldas.
Sy het uit die visakke gesteel en dit agter sy rug vir hulle gegee.
Pero lo que los perros realmente necesitaban no era más comida: era descanso.
Maar wat die honde werklik nodig gehad het, was nie meer kos nie—dit was rus.
Iban a poca velocidad, pero el pesado trineo aún seguía avanzando.
Hulle het swak tyd gemaak, maar die swaar slee het steeds gesleep.
Ese peso solo les quitaba las fuerzas que les quedaban cada día.
Daardie gewig alleen het elke dag hul oorblywende krag uitgeput.
Luego vino la etapa de desalimentación ya que los suministros escasearon.
Toe kom die stadium van ondervoeding namate die voorrade min geword het.

Una mañana, Hal se dio cuenta de que la mitad de la comida para perros ya había desaparecido.
Hal het eendagoggend besef dat die helfte van die hondekos reeds op was.

Sólo habían recorrido una cuarta parte de la distancia total del recorrido.
Hulle het slegs 'n kwart van die totale afstand van die roete afgelê.

No se podía comprar más comida por ningún precio que se ofreciera.
Geen kos kon meer gekoop word nie, ongeag die prys wat aangebied is.

Redujo las raciones de los perros por debajo de la ración diaria estándar.
Hy het die honde se porsies verminder tot onder die standaard daaglikse rantsoen.

Al mismo tiempo, exigió viajes más largos para compensar las pérdidas.
Terselfdertyd het hy langer reise geëis om die verlies te vergoed.

Mercedes y Carlos apoyaron este plan, pero fracasaron en su ejecución.
Mercedes en Charles het hierdie plan ondersteun, maar het misluk in uitvoering.

Su pesado trineo y su falta de habilidad hicieron que el avance fuera casi imposible.
Hul swaar slee en gebrek aan vaardigheid het vordering byna onmoontlik gemaak.

Era fácil dar menos comida, pero imposible forzar más esfuerzo.
Dit was maklik om minder kos te gee, maar onmoontlik om meer moeite af te dwing.

No podían salir temprano ni tampoco viajar horas extras.
Hulle kon nie vroeg begin nie, en hulle kon ook nie vir ekstra ure reis nie.

No sabían cómo trabajar con los perros, ni tampoco ellos mismos.

Hulle het nie geweet hoe om die honde te werk nie, en ook nie hulself nie.

El primer perro que murió fue Dub, el desafortunado pero trabajador ladrón.

Die eerste hond wat gesterf het, was Dub, die ongelukkige maar hardwerkende dief.

Aunque a menudo lo castigaban, Dub había hecho su parte sin quejarse.

Alhoewel hy dikwels gestraf is, het Dub sy deel gedoen sonder om te kla.

Su hombro lesionado empeoró sin cuidados ni necesidad de descanso.

Sy beseerde skouer het vererger sonder sorg of rus nodig gehad.

Finalmente, Hal usó el revólver para acabar con el sufrimiento de Dub.

Uiteindelik het Hal die rewolwer gebruik om Dub se lyding te beëindig.

Un dicho común afirma que los perros normales mueren con raciones para perros esquimales.

'n Algemene gesegde beweer dat normale honde op husky-rantsoene vrek.

Los seis nuevos compañeros de Buck tenían sólo la mitad de la porción de comida del husky.

Buck se ses nuwe metgeselle het net die helfte van die husky se deel van kos gehad.

Primero murió el Terranova y después los tres bracos de pelo corto.

Die Newfoundland het eerste gevrek, toe die drie korthaar-wysers.

Los dos mestizos resistieron más tiempo pero finalmente perecieron como el resto.

Die twee basterds het langer gehou, maar uiteindelik soos die res omgekom.

Para entonces, todas las comodidades y la dulzura de Southland habían desaparecido.

Teen hierdie tyd was al die geriewe en sagtheid van die Suidland weg.
Las tres personas habían perdido los últimos vestigios de su educación civilizada.
Die drie mense het die laaste spore van hul beskaafde opvoeding afgeskud.
Despojado de glamour y romance, el viaje al Ártico se volvió brutalmente real.
Gestroop van glans en romanse, het Arktiese reise brutaal werklik geword.
Era una realidad demasiado dura para su sentido de masculinidad y feminidad.
Dit was 'n werklikheid te hard vir hulle sin van manlikheid en vroulikheid.
Mercedes ya no lloraba por los perros, ahora lloraba sólo por ella misma.
Mercedes het nie meer oor die honde gehuil nie, maar nou net oor haarself.
Pasó su tiempo llorando y peleando con Hal y Charles.
Sy het haar tyd deurgebring met huil en rusie met Hal en Charles.
Pelear era lo único que nunca estaban demasiado cansados para hacer.
Rusie was die een ding waarvoor hulle nooit te moeg was nie.
Su irritabilidad surgió de la miseria, creció con ella y la superó.
Hul prikkelbaarheid het uit ellende gekom, daarmee saam gegroei en dit oortref.
La paciencia del camino, conocida por quienes trabajan y sufren con bondad, nunca llegó.
Die geduld van die roete, bekend aan diegene wat swoeg en ly met liefde, het nooit gekom nie.
Esa paciencia que conserva dulce la palabra a pesar del dolor les era desconocida.
Daardie geduld, wat spraak soet hou deur pyn, was onbekend aan hulle.

No tenían ni un ápice de paciencia ni la fuerza que suponía sufrir con gracia.
Hulle het geen sweempie geduld gehad nie, geen krag geput uit lyding met genade nie.
Estaban rígidos por el dolor: les dolían los músculos, los huesos y el corazón.
Hulle was styf van pyn—pyn in hulle spiere, bene en harte.
Por eso se volvieron afilados de lengua y rápidos para usar palabras ásperas.
As gevolg hiervan het hulle skerp van tong geword en vinnig met harde woorde.
Cada día comenzaba y terminaba con voces enojadas y amargas quejas.
Elke dag het begin en geëindig met kwaai stemme en bittere klagtes.
Charles y Hal discutían cada vez que Mercedes les daba una oportunidad.
Charles en Hal het gestry wanneer Mercedes hulle 'n kans gegee het.
Cada hombre creía que hacía más de lo que le correspondía en el trabajo.
Elke man het geglo dat hy meer as sy regverdige deel van die werk gedoen het.
Ninguno de los dos perdió la oportunidad de decirlo una y otra vez.
Nie een van hulle het ooit 'n kans laat verbygaan om dit oor en oor te sê nie.
A veces Mercedes se ponía del lado de Charles, a veces del lado de Hal.
Soms het Mercedes die kant van Charles gekies, soms die kant van Hal.
Esto dio lugar a una gran e interminable disputa entre los tres.
Dit het gelei tot 'n groot en eindelose rusie tussen die drie.
Una disputa sobre quién debería cortar leña se salió de control.

'n Geskil oor wie brandhout moes kap, het buite beheer geraak.

Pronto se nombraron padres, madres, primos y parientes muertos.

Gou is vaders, moeders, neefs en niggies en oorlede familielede by name genoem.

Las opiniones de Hal sobre el arte o las obras de su tío se convirtieron en parte de la pelea.

Hal se sienings oor kuns of sy oom se toneelstukke het deel van die stryd geword.

Las creencias políticas de Charles también entraron en el debate.

Charles se politieke oortuigings het ook die debat betree.

Para Mercedes, incluso los chismes de la hermana de su marido parecían relevantes.

Vir Mercedes het selfs haar man se suster se skinderstories relevant gelyk.

Ella expresó sus opiniones sobre eso y sobre muchos de los defectos de la familia de Charles.

Sy het menings daaroor en oor baie van Charles se familie se foute gelug.

Mientras discutían, el fuego permaneció apagado y el campamento medio montado.

Terwyl hulle gestry het, het die vuur doodgebly en die kamp halfpad gebou.

Mientras tanto, los perros permanecieron fríos y sin comida.

Intussen het die honde koud en sonder kos gebly.

Mercedes tenía un motivo de queja que consideraba profundamente personal.

Mercedes het 'n grief gehad wat sy as baie persoonlik beskou het.

Se sintió maltratada como mujer, negándole sus privilegios de gentileza.

Sy het as vrou mishandel gevoel, haar sagte voorregte ontsê.

Ella era bonita y dulce, y acostumbrada a la caballerosidad toda su vida.

Sy was mooi en sag, en haar hele lewe lank ridderlik.

Pero su marido y su hermano ahora la trataban con impaciencia.
Maar haar man en broer het haar nou met ongeduld behandel.
Su costumbre era actuar con impotencia y comenzaron a quejarse.
Haar gewoonte was om hulpeloos op te tree, en hulle het begin kla.
Ofendida por esto, les hizo la vida aún más difícil.
Aanstoot geneem hierdeur, het sy hul lewens al hoe moeiliker gemaak.
Ella ignoró a los perros e insistió en montar ella misma el trineo.
Sy het die honde geïgnoreer en daarop aangedring om self die slee te ry.
Aunque parecía ligera de aspecto, pesaba ciento veinte libras.
Alhoewel sy lig van voorkoms was, het sy honderd-en-twintig pond geweeg.
Esa carga adicional era demasiado para los perros hambrientos y débiles.
Daardie ekstra las was te veel vir die honger, swak honde.
Aún así, ella cabalgó durante días, hasta que los perros se desplomaron en las riendas.
Tog het sy dae lank gery, totdat die honde in die teuels ineengestort het.
El trineo se detuvo y Charles y Hal le rogaron que caminara.
Die slee het stilgestaan, en Charles en Hal het haar gesmeek om te loop.
Ellos suplicaron y rogaron, pero ella lloró y los llamó crueles.
Hulle het gesmeek en gebid, maar sy het geween en hulle wreed genoem.
En una ocasión la sacaron del trineo con pura fuerza y enojo.
By een geleentheid het hulle haar met pure krag en woede van die slee afgetrek.
Nunca volvieron a intentarlo después de lo que pasó aquella vez.

Hulle het nooit weer probeer na wat destyds gebeur het nie.
Ella se quedó flácida como un niño mimado y se sentó en la nieve.
Sy het slap geword soos 'n bederfde kind en in die sneeu gaan sit.
Ellos siguieron adelante, pero ella se negó a levantarse o seguirlos.
Hulle het aangegaan, maar sy het geweier om op te staan of agter haar te volg.
Después de tres millas, se detuvieron, regresaron y la llevaron de regreso.
Na drie myl het hulle gestop, teruggekeer en haar teruggedra.
La volvieron a cargar en el trineo, nuevamente usando la fuerza bruta.
Hulle het haar weer op die slee gelaai, weer eens met brute krag.
En su profunda miseria, fueron insensibles al sufrimiento de los perros.
In hul diepe ellende was hulle gevoelloos teenoor die honde se lyding.
Hal creía que uno debía endurecerse y forzar esa creencia a los demás.
Hal het geglo dat 'n mens verhard moet word en het daardie oortuiging op ander afgedwing.
Primero intentó predicar su filosofía a su hermana.
Hy het eers probeer om sy filosofie aan sy suster te verkondig
y luego, sin éxito, le predicó a su cuñado.
en toe, sonder sukses, het hy vir sy swaer gepreek.
Tuvo más éxito con los perros, pero sólo porque los lastimaba.
Hy het meer sukses met die honde gehad, maar net omdat hy hulle seergemaak het.
En Five Fingers, la comida para perros se quedó completamente sin comida.
By Five Fingers het die hondekos heeltemal opgeraak.
Una vieja india desdentada vendió unas cuantas libras de cuero de caballo congelado

'n Tandlose ou squat het 'n paar pond bevrore perdevel
verkoop

Hal cambió su revólver por la piel de caballo seca.
Hal het sy rewolwer vir die gedroogde perdevel verruil.

La carne había procedido de caballos hambrientos de ganaderos meses antes.
Die vleis het maande tevore van uitgehongerde perde of beesboere gekom.

Congelada, la piel era como hierro galvanizado: dura y incomestible.
Bevrore, die vel was soos gegalvaniseerde yster; taai en oneetbaar.

Los perros tenían que masticar sin parar la piel para poder comérsela.
Die honde moes eindeloos aan die vel kou om dit te eet.

Pero las cuerdas correosas y el pelo corto no constituían apenas alimento.
Maar die leeragtige snare en kort hare was nouliks voeding.

La mayor parte de la piel era irritante y no era alimento en ningún sentido estricto.
Meeste van die vel was irriterend, en nie kos in enige ware sin van die woord nie.

Y durante todo ese tiempo, Buck se tambaleaba al frente, como en una pesadilla.
En deur dit alles het Buck voor gestruikel, soos in 'n nagmerrie.

Tiraba cuando podía, y cuando no, se quedaba tendido hasta que un látigo o un garrote lo levantaban.
Hy het getrek wanneer hy kon; wanneer hy nie kon nie, het hy gelê totdat die sweep of knuppel hom opgelig het.

Su fino y brillante pelaje había perdido toda la rigidez y brillo que alguna vez tuvo.
Sy fyn, blink pels het al die styfheid en glans wat dit eens gehad het, verloor.

Su cabello colgaba lacio, enmarañado y cubierto de sangre seca por los golpes.

Sy hare het slap, gesleep en vol gedroogde bloed van die houe gehang.
Sus músculos se encogieron hasta convertirse en cuerdas y sus almohadillas de carne estaban todas desgastadas.
Sy spiere het tot toue gekrimp, en sy vleiskussings was almal weggeslyt.
Cada costilla, cada hueso se veía claramente a través de los pliegues de la piel arrugada.
Elke rib, elke been, het duidelik deur die voue van die gekreukelde vel geskyn.
Fue desgarrador, pero el corazón de Buck no podía romperse.
Dit was hartverskeurend, maar Buck se hart kon nie breek nie.
El hombre del suéter rojo lo había probado y demostrado hacía mucho tiempo.
Die man in die rooi trui het dit lankal getoets en bewys.
Tal como sucedió con Buck, sucedió con el resto de sus compañeros de equipo.
Soos dit met Buck was, so was dit met al sy oorblywende spanmaats.
Eran siete en total, cada uno de ellos un esqueleto andante de miseria.
Daar was altesaam sewe, elkeen 'n wandelende geraamte van ellende.
Se habían vuelto insensibles a los latigazos y solo sentían un dolor distante.
Hulle het gevoelloos geword om te sweep, en het net vae pyn gevoel.
Incluso la vista y el sonido les llegaban débilmente, como a través de una espesa niebla.
Selfs sig en klank het hulle vaagweg bereik, soos deur 'n digte mis.
No estaban ni medio vivos: eran huesos con tenues chispas en su interior.
Hulle was nie half lewendig nie—hulle was bene met dowwe vonke binne.

Al detenerse, se desplomaron como cadáveres y sus chispas casi desaparecieron.
Toe hulle gestop het, het hulle soos lyke ineengestort, hul vonke amper weg.
Y cuando el látigo o el garrote volvían a golpear, las chispas revoloteaban débilmente.
En toe die sweep of knuppel weer slaan, het die vonke swak gefladder.
Entonces se levantaron, se tambalearon hacia adelante y arrastraron sus extremidades hacia delante.
Toe het hulle opgestaan, vorentoe gestruikel en hul ledemate vorentoe gesleep.
Un día el amable Billee se cayó y ya no pudo levantarse.
Eendag het die vriendelike Billee geval en kon glad nie meer opstaan nie.
Hal había cambiado su revólver, por lo que utilizó un hacha para matar a Billee.
Hal het sy rewolwer verruil, so hy het eerder 'n byl gebruik om Billee dood te maak.
Lo golpeó en la cabeza, luego le cortó el cuerpo y se lo llevó arrastrado.
Hy het hom op die kop geslaan, toe sy liggaam losgesny en dit weggesleep.
Buck vio esto, y también los demás; sabían que la muerte estaba cerca.
Buck het dit gesien, en die ander ook; hulle het geweet die dood was naby.
Al día siguiente Koona se fue, dejando sólo cinco perros en el equipo hambriento.
Die volgende dag het Koona gegaan en net vyf honde in die uitgehongerde span agtergelaat.
Joe, que ya no era malo, estaba demasiado perdido como para darse cuenta de gran cosa.
Joe, nie meer gemeen nie, was te ver heen om hoegenaamd van veel bewus te wees.
Pike, que ya no fingía su lesión, estaba apenas consciente.

Pike, wat nie meer voorgegee het dat hy beseer is nie, was skaars by sy bewussyn.

Solleks, todavía fiel, lamentó no tener fuerzas para dar.

Solleks, steeds getrou, het getreur dat hy geen krag gehad het om te gee nie.

Teek fue el que más perdió porque estaba más fresco, pero su rendimiento se estaba agotando rápidamente.

Teek is die meeste geslaan omdat hy varser was, maar vinnig vervaag het.

Y Buck, todavía a la cabeza, ya no mantenía el orden ni lo hacía cumplir.

En Buck, steeds aan die voorpunt, het nie meer orde gehandhaaf of afgedwing nie.

Medio ciego por la debilidad, Buck siguió el rastro sólo por el tacto.

Halfblind van swakheid, het Buck die spoor alleen op gevoel gevolg.

Era un hermoso clima primaveral, pero ninguno de ellos lo notó.

Dit was pragtige lenteweer, maar niemand van hulle het dit opgemerk nie.

Cada día el sol salía más temprano y se ponía más tarde que el anterior.

Elke dag het die son vroeër opgekom en later ondergegaan as voorheen.

A las tres de la mañana ya había amanecido; el crepúsculo duró hasta las nueve.

Teen drie-uur die oggend het die dagbreek aangebreek; die skemer het tot nege-uur geduur.

Los largos días estuvieron llenos del resplandor del sol primaveral.

Die lang dae was gevul met die volle gloed van lentesonskyn.

El silencio fantasmal del invierno se había transformado en un cálido murmullo.

Die spookagtige stilte van die winter het verander in 'n warm gemompel.

Toda la tierra estaba despertando, viva con la alegría de los seres vivos.
Die hele land het wakker geword, lewendig met die vreugde van lewende dinge.
El sonido provenía de lo que había permanecido muerto e inmóvil durante el invierno.
Die geluid het gekom van wat dood en stil deur die winter gelê het.
Ahora, esas cosas se movieron nuevamente, sacudiéndose el largo sueño helado.
Nou het daardie dinge weer beweeg, en die lang ryp slaap afgeskud.
La savia subía a través de los oscuros troncos de los pinos que esperaban.
Sap het deur die donker stamme van die wagtende dennebome gestyg.
Los sauces y los álamos brotan brillantes y jóvenes brotes en cada ramita.
Wilgers en espe bars helder jong knoppe aan elke takkie uit.
Los arbustos y las enredaderas se vistieron de un verde fresco a medida que el bosque cobraba vida.
Struike en wingerdstokke het vars groen aangetrek toe die woude lewendig geword het.
Los grillos cantaban por la noche y los insectos se arrastraban bajo el sol del día.
Krieke het snags getjirp, en goggas het in die dagligson gekruip.
Las perdices graznaban y los pájaros carpinteros picoteaban en lo profundo de los árboles.
Patryse het gedreun, en houtkappers het diep in die bome geklop.
Las ardillas parloteaban, los pájaros cantaban y los gansos graznaban al hablarles a los perros.
Eekhorings het gesels, voëls het gesing, en ganse het oor die honde getoeter.
Las aves silvestres llegaron en grupos afilados, volando desde el sur.

Die wilde voëls het in skerp wiggies gekom, opgevlieg uit die suide.

De cada ladera llegaba la música de arroyos ocultos y caudalosos.

Van elke heuwelhang het die musiek van verborge, ruisende strome gekom.

Todas las cosas se descongelaron y se rompieron, se doblaron y volvieron a ponerse en movimiento.

Alles het ontdooi en gebreek, gebuig en weer in beweging gekom.

El Yukón se esforzó por romper las frías cadenas del hielo congelado.

Die Yukon het gesukkel om die koue kettings van bevrore ys te breek.

El hielo se derritió desde abajo, mientras que el sol lo derritió desde arriba.

Die ys het onder gesmelt, terwyl die son dit van bo af gesmelt het.

Se abrieron agujeros de aire, se abrieron grietas y algunos trozos cayeron al río.

Luggate het oopgegaan, krake het versprei, en stukke het in die rivier geval.

En medio de toda esta vida frenética y llameante, los viajeros se tambaleaban.

Te midde van al hierdie barsende en brandende lewe het die reisigers gestruikel.

Dos hombres, una mujer y una jauría de perros esquimales caminaban como muertos.

Twee mans, 'n vrou en 'n trop husky's het soos dooies geloop.

Los perros caían, Mercedes lloraba, pero seguía montando el trineo.

Die honde het geval, Mercedes het gehuil, maar het steeds op die slee gery.

Hal maldijo débilmente y Charles parpadeó con los ojos llorosos.

Hal het swak gevloek, en Charles het deur traanende oë geknipper.

Se toparon con el campamento de John Thornton junto a la desembocadura del río Blanco.
Hulle het John Thornton se kamp by die monding van White River binnegestrompel.
Cuando se detuvieron, los perros cayeron al suelo, como si todos hubieran muerto.
Toe hulle stop, het die honde plat geval, asof almal doodgeslaan het.
Mercedes se secó las lágrimas y miró a John Thornton.
Mercedes het haar trane afgevee en na John Thornton gekyk.
Charles se sentó en un tronco, lenta y rígidamente, dolorido por el camino.
Charles het stadig en styf op 'n stomp gesit, pynlik van die paadjie.
Hal habló mientras Thornton tallaba el extremo del mango de un hacha.
Hal het die praatwerk gedoen terwyl Thornton die punt van 'n bylsteel gekerf het.
Él tallaba madera de abedul y respondía con respuestas breves y firmes.
Hy het berkehout gekap en met kort, ferm antwoorde geantwoord.
Cuando se le preguntó, dio consejos, seguro de que no serían seguidos.
Toe hy gevra is, het hy raad gegee, seker dat dit nie gevolg sou word nie.
Hal explicó: "Nos dijeron que el hielo del sendero se estaba desprendiendo".
Hal het verduidelik: "Hulle het vir ons gesê die ys op die roete val weg."
Dijeron que nos quedáramos allí, pero llegamos a White River.
"Hulle het gesê ons moet bly waar ons is—maar ons het dit tot by Witrivier gemaak."
Terminó con un tono burlón, como para proclamar la victoria en medio de las dificultades.

Hy het met 'n spottende toon afgesluit, asof hy oorwinning in ontbering wou eis.

—Y te dijeron la verdad —respondió John Thornton a Hal en voz baja.

"En hulle het jou die waarheid vertel," het John Thornton stil vir Hal geantwoord.

"El hielo puede ceder en cualquier momento; está a punto de desprenderse".

"Die ys kan enige oomblik meegee—dit is gereed om af te val."

"Solo la suerte ciega y los tontos pudieron haber llegado tan lejos con vida".

"Slegs blinde geluk en dwase kon dit so ver gemaak het."

"Te lo digo directamente: no arriesgaría mi vida ni por todo el oro de Alaska".

"Ek sê vir jou reguit, ek sou nie my lewe waag vir al Alaska se goud nie."

—Supongo que es porque no eres tonto —respondió Hal.

"Dis omdat jy nie 'n dwaas is nie, neem ek aan," het Hal geantwoord.

—De todos modos, seguiremos hasta Dawson. —Desenrolló el látigo.

"Tog gaan ons aan na Dawson." Hy het sy sweep afgerol.

—¡Sube, Buck! ¡Hola! ¡Sube! ¡Vamos! —gritó con dureza.

"Klim op daar, Buck! Haai! Staan op! Gaan aan!" het hy hard geskree.

Thornton siguió tallando madera, sabiendo que los tontos no escucharían razones.

Thornton het aanhou skraap, wetende dat dwase nie na rede sal luister nie.

Detener a un tonto era inútil, y dos o tres tontos no cambiaban nada.

Om 'n dwaas te keer was tevergeefs—en twee of drie dwase het niks verander nie.

Pero el equipo no se movió ante la orden de Hal.

Maar die span het nie beweeg op die geluid van Hal se bevel nie.

A estas alturas, sólo los golpes podían hacerlos levantarse y avanzar.
Teen hierdie tyd kon slegs houe hulle laat opstaan en vorentoe trek.
El látigo golpeó una y otra vez a los perros debilitados.
Die sweep het oor en oor die verswakte honde geklap.
John Thornton apretó los labios con fuerza y observó en silencio.
John Thornton het sy lippe styf vasgedruk en in stilte gekyk.
Solleks fue el primero en ponerse de pie bajo el látigo.
Solleks was die eerste wat onder die sweep orent gekruip het.
Entonces Teek lo siguió, temblando. Joe gritó al tambalearse.
Toe volg Teek, bewerig. Joe gil toe hy opstapel.
Pike intentó levantarse, falló dos veces y finalmente se mantuvo en pie, tambaleándose.
Pike het probeer opstaan, twee keer misluk, en toe uiteindelik onvas gestaan.
Pero Buck yacía donde había caído, sin moverse en absoluto este momento.
Maar Buck het gelê waar hy geval het, glad nie hierdie keer beweeg nie.
El látigo lo golpeaba una y otra vez, pero él no emitía ningún sonido.
Die sweep het hom oor en oor geslaan, maar hy het geen geluid gemaak nie.
Él no se inmutó ni se resistió, simplemente permaneció quieto y en silencio.
Hy het nie teruggedeins of weerstand gebied nie, maar eenvoudig stil en stil gebly.
Thornton se movió más de una vez, como si fuera a hablar, pero no lo hizo.
Thornton het meer as een keer geroer, asof hy wou praat, maar het nie.
Sus ojos se humedecieron y el látigo siguió golpeando contra Buck.
Sy oë het nat geword, en die sweep het steeds teen Buck geklap.

Finalmente, Thornton comenzó a caminar lentamente, sin saber qué hacer.
Uiteindelik het Thornton stadig begin loop, onseker oor wat om te doen.
Era la primera vez que Buck fallaba y Hal se puso furioso.
Dit was die eerste keer dat Buck misluk het, en Hal het woedend geword.
Dejó el látigo y en su lugar tomó el pesado garrote.
Hy het die sweep neergegooi en eerder die swaar knuppel opgetel.
El palo de madera cayó con fuerza, pero Buck todavía no se levantó para moverse.
Die houtknuppel het hard neergekom, maar Buck het steeds nie opgestaan om te beweeg nie.
Al igual que sus compañeros de equipo, era demasiado débil, pero más que eso.
Soos sy spanmaats, was hy te swak—maar meer as dit.
Buck había decidido no moverse, sin importar lo que sucediera después.
Buck het besluit om nie te trek nie, maak nie saak wat volgende gebeur nie.
Sintió algo oscuro y seguro flotando justo delante.
Hy het iets donker en seker net voor hom gevoel.
Ese miedo se apoderó de él tan pronto como llegó a la orilla del río.
Daardie vrees het hom beetgepak sodra hy die rivieroewer bereik het.
La sensación no lo había abandonado desde que sintió el hielo fino bajo sus patas.
Die gevoel het hom nie verlaat vandat hy die ys dun onder sy pote gevoel het nie.
Algo terrible lo esperaba; lo sintió más allá del camino.
Iets verskrikliks het gewag—hy het dit net langs die paadjie gevoel.
No iba a caminar hacia esa cosa terrible que había delante.
Hy sou nie na daardie verskriklike ding voor hom stap nie.
Él no iba a obedecer ninguna orden que lo llevara a esa cosa.

Hy sou geen bevel gehoorsaam wat hom na daardie ding gelei het nie.

El dolor de los golpes apenas lo afectaba ahora: estaba demasiado lejos.

Die pyn van die houe het hom nou skaars geraak—hy was te ver heen.

La chispa de la vida parpadeaba débilmente y se apagaba bajo cada golpe cruel.

Die vonk van die lewe het laag geflikker, dof onder elke wrede hou.

Sus extremidades se sentían distantes; su cuerpo entero parecía pertenecer a otro.

Sy ledemate het ver weg gevoel; sy hele liggaam het gelyk of dit aan 'n ander behoort.

Sintió un extraño entumecimiento mientras el dolor desapareció por completo.

Hy het 'n vreemde gevoelloosheid gevoel toe die pyn heeltemal verdwyn het.

Desde lejos, sentía que lo golpeaban, pero apenas lo sabía.

Van ver af het hy aangevoel dat hy geslaan word, maar hy het skaars geweet.

Podía oír los golpes débilmente, pero ya no dolían realmente.

Hy kon die dowwe geluide vaagweg hoor, maar hulle het nie meer regtig seergemaak nie.

Los golpes dieron en el blanco, pero su cuerpo ya no parecía el suyo.

Die houe het getref, maar sy liggaam het nie meer soos sy eie gevoel nie.

Entonces, de repente y sin previo aviso, John Thornton lanzó un grito salvaje.

Toe skielik, sonder waarskuwing, het John Thornton 'n wilde kreet gegee.

Era un grito inarticulado, más el grito de una bestia que el de un hombre.

Dit was onartikulêr, meer die geroep van 'n dier as van 'n mens.

Saltó hacia el hombre con el garrote y tiró a Hal hacia atrás.
Hy het na die man met die knuppel gespring en Hal agteroor geslaan.
Hal voló como si lo hubiera golpeado un árbol y aterrizó con fuerza en el suelo.
Hal het gevlieg asof hy deur 'n boom getref is en hard op die grond geland.
Mercedes gritó en pánico y se llevó las manos a la cara.
Mercedes het hardop in paniek geskree en na haar gesig gegryp.
Charles se limitó a mirar, se secó los ojos y permaneció sentado.
Charles het net toegekyk, sy oë afgevee en bly sit.
Su cuerpo estaba demasiado rígido por el dolor para levantarse o ayudar en la pelea.
Sy liggaam was te styf van pyn om op te staan of in die geveg te help.
Thornton se quedó de pie junto a Buck, temblando de furia, incapaz de hablar.
Thornton het oor Buck gestaan, bewerig van woede, nie in staat om te praat nie.
Se estremeció de rabia y luchó por encontrar su voz a través de ella.
Hy het van woede gebewe en gesukkel om sy stem daardeur te vind.
—Si vuelves a golpear a ese perro, te mataré —dijo finalmente.
"As jy daardie hond weer slaan, sal ek jou doodmaak," het hy uiteindelik gesê.
Hal se limpió la sangre de la boca y volvió a avanzar.
Hal het bloed van sy mond afgevee en weer vorentoe gekom.
—Es mi perro —murmuró—. ¡Quítate del medio o te curaré!
"Dis my hond," het hy gemompel. "Gaan uit die pad uit, anders maak ek jou reg."
"Voy a Dawson y no me lo vas a impedir", añadió.
"Ek gaan na Dawson, en jy keer my nie," het hy bygevoeg.
Thornton se mantuvo firme entre Buck y el joven enojado.

Thornton het ferm tussen Buck en die kwaai jongman gestaan.
No tenía intención de hacerse a un lado o dejar pasar a Hal.
Hy het geen voorneme gehad om opsy te tree of Hal te laat verbygaan nie.
Hal sacó su cuchillo de caza, largo y peligroso en la mano.
Hal het sy jagmes uitgehaal, lank en gevaarlik in die hand.
Mercedes gritó, luego lloró y luego rió con una histeria salvaje.
Mercedes het geskree, toe gehuil, toe in wilde histerie gelag.
Thornton golpeó la mano de Hal con el mango de su hacha, fuerte y rápido.
Thornton het Hal se hand met sy bylsteel geslaan, hard en vinnig.
El cuchillo se soltó del agarre de Hal y voló al suelo.
Die mes is uit Hal se greep losgeslaan en het grond toe geval.
Hal intentó recoger el cuchillo y Thornton volvió a golpearle los nudillos.
Hal het probeer om die mes op te tel, en Thornton het weer op sy kneukels geklop.
Entonces Thornton se agachó, agarró el cuchillo y lo sostuvo.
Toe buk Thornton vooroor, gryp die mes en hou dit vas.
Con dos rápidos golpes del mango del hacha, cortó las riendas de Buck.
Met twee vinnige houe van die bylsteel het hy Buck se teuels afgesny.
Hal ya no tenía fuerzas para luchar y se apartó del perro.
Hal het geen stryd meer in hom gehad nie en het van die hond teruggetree.
Además, Mercedes necesitaba ahora ambos brazos para mantenerse erguida.
Boonop het Mercedes nou albei arms nodig gehad om haar regop te hou.
Buck estaba demasiado cerca de la muerte como para volver a ser útil para tirar de un trineo.
Buck was te naby aan die dood om weer van nut te wees om 'n slee te trek.

Unos minutos después, se marcharon y se dirigieron río abajo.
'n Paar minute later het hulle uitgetrek, met die rivier af.
Buck levantó la cabeza débilmente y los observó mientras salían del banco.
Buck het sy kop swak opgelig en gekyk hoe hulle die bank verlaat.
Pike lideró el equipo, con Solleks en la parte trasera, al volante.
Pike het die span gelei, met Solleks agter in die wielposisie.
Joe y Teek caminaron entre ellos, ambos cojeando por el cansancio.
Joe en Teek het tussenin geloop, albei mank van uitputting.
Mercedes se sentó en el trineo y Hal agarró el largo palo.
Mercedes het op die slee gesit, en Hal het die lang gee-stok vasgegryp.
Charles se tambaleó detrás, sus pasos torpes e inseguros.
Charles het agteruit gestruikel, sy treë lomp en onseker.
Thornton se arrodilló junto a Buck y buscó con delicadeza los huesos rotos.
Thornton het langs Buck gekniel en saggies vir gebreekte bene gevoel.
Sus manos eran ásperas pero se movían con amabilidad y cuidado.
Sy hande was grof, maar het met vriendelikheid en sorg beweeg.
El cuerpo de Buck estaba magullado pero no mostraba lesiones duraderas.
Buck se liggaam was gekneus, maar het geen blywende beserings getoon nie.
Lo que quedó fue un hambre terrible y una debilidad casi total.
Wat oorgebly het, was verskriklike honger en byna totale swakheid.
Cuando esto quedó claro, el trineo ya había avanzado mucho río abajo.

Teen die tyd dat dit duidelik was, het die slee al ver stroomaf gegaan.

El hombre y el perro observaron cómo el trineo se deslizaba lentamente sobre el hielo agrietado.

Man en hond het gekyk hoe die slee stadig oor die krakende ys kruip.

Luego vieron que el trineo se hundía en un hueco.

Toe sien hulle hoe die slee in 'n holte wegsink.

El mástil voló hacia arriba, con Hal todavía aferrándose a él en vano.

Die gee-paal het opgevlieg, met Hal wat steeds tevergeefs daaraan vasklou.

El grito de Mercedes les llegó a través de la fría distancia.

Mercedes se gil het hulle oor die koue verte bereik.

Charles se giró y dio un paso atrás, pero ya era demasiado tarde.

Charles het omgedraai en teruggetree—maar hy was te laat.

Una capa de hielo entera cedió y todos ellos cayeron al suelo.

'n Hele ysplaat het meegegee, en hulle het almal deurgeval.

Los perros, los trineos y las personas desaparecieron en el agua negra que había debajo.

Honde, sleeë en mense het in die swart water onder verdwyn.

En el hielo por donde habían pasado sólo quedaba un amplio agujero.

Net 'n wye gat in die ys het oorgebly waar hulle verbygegaan het.

El sendero se había hundido por completo, tal como Thornton había advertido.

Die roete se bodem het uitgeval—net soos Thornton gewaarsku het.

Thornton y Buck se miraron el uno al otro y guardaron silencio por un momento.

Thornton en Buck het mekaar vir 'n oomblik stil aangekyk.

—Pobre diablo —dijo Thornton suavemente, y Buck le lamió la mano.

"Jou arme duiwel," het Thornton saggies gesê, en Buck het sy hand gelek.

Por el amor de un hombre
Vir die liefde van 'n man

John Thornton se congeló los pies en el frío del diciembre anterior.
John Thornton het sy voete gevries in die koue van die vorige Desember.
Sus compañeros lo hicieron sentir cómodo y lo dejaron recuperarse solo.
Sy vennote het hom gemaklik gemaak en hom alleen gelaat om te herstel.
Subieron al río para recoger una balsa de troncos para aserrar para Dawson.
Hulle het die rivier opgegaan om 'n vlot saagstompe vir Dawson bymekaar te maak.
Todavía cojeaba ligeramente cuando rescató a Buck de la muerte.
Hy het nog effens mank geloop toe hy Buck van die dood gered het.
Pero como el clima cálido continuó, incluso esa cojera desapareció.
Maar met die warm weer wat voortduur, het selfs daardie mankheid verdwyn.
Durante los largos días de primavera, Buck descansaba a orillas del río.
Terwyl hy gedurende lang lentedae langs die rivieroewer gelê het, het Buck gerus.
Observó el agua fluir y escuchó a los pájaros y a los insectos.
Hy het die vloeiende water dopgehou en na voëls en insekte geluister.
Lentamente, Buck recuperó su fuerza bajo el sol y el cielo.
Stadig het Buck sy krag onder die son en lug herwin.
Un descanso fue maravilloso después de viajar tres mil millas.
'n Rus het wonderlik gevoel na drieduisend myl se reis.
Buck se volvió perezoso a medida que sus heridas sanaban y su cuerpo se llenaba.

Buck het lui geword soos sy wonde genees het en sy liggaam vol geword het.

Sus músculos se reafirmaron y la carne volvió a cubrir sus huesos.

Sy spiere het stewig geword, en vlees het teruggekeer om sy bene te bedek.

Todos estaban descansando: Buck, Thornton, Skeet y Nig.

Hulle het almal gerus—Buck, Thornton, Skeet en Nig.

Esperaron la balsa que los llevaría a Dawson.

Hulle het gewag vir die vlot wat hulle na Dawson sou dra.

Skeet era un pequeño setter irlandés que se hizo amigo de Buck.

Skeet was 'n klein Ierse setter wat vriende gemaak het met Buck.

Buck estaba demasiado débil y enfermo para resistirse a ella en su primer encuentro.

Buck was te swak en siek om haar tydens hul eerste ontmoeting te weerstaan.

Skeet tenía el rasgo de sanador que algunos perros poseen naturalmente.

Skeet het die geneserstrek gehad wat sommige honde natuurlik besit.

Como una gata madre, lamió y limpió las heridas abiertas de Buck.

Soos 'n moederkat het sy Buck se rou wonde gelek en skoongemaak.

Todas las mañanas, después del desayuno, repetía su minucioso trabajo.

Elke oggend na ontbyt het sy haar noukeurige werk herhaal.

Buck llegó a esperar su ayuda tanto como la de Thornton.

Buck het haar hulp net soveel verwag as Thornton s'n.

Nig también era amigable, pero menos abierto y menos cariñoso.

Nig was ook vriendelik, maar minder oop en minder liefdevol.

Nig era un perro grande y negro, mitad sabueso y mitad lebrel.

Nig was 'n groot swart hond, deels bloedhond en deels herthond.

Tenía ojos sonrientes y un espíritu bondadoso sin límites.
Hy het laggende oë en 'n eindelose goeie geaardheid in sy gees gehad.

Para sorpresa de Buck, ninguno de los perros mostró celos hacia él.
Tot Buck se verbasing het nie een van die honde jaloesie teenoor hom getoon nie.

Tanto Skeet como Nig compartieron la amabilidad de John Thornton.
Beide Skeet en Nig het die vriendelikheid van John Thornton gedeel.

A medida que Buck se hacía más fuerte, lo atrajeron hacia juegos de perros tontos.
Soos Buck sterker geword het, het hulle hom in dwase hondespeletjies gelok.

Thornton también jugaba a menudo con ellos, incapaz de resistirse a su alegría.
Thornton het ook dikwels saam met hulle gespeel, nie in staat om hul vreugde te weerstaan nie.

De esta manera lúdica, Buck pasó de la enfermedad a una nueva vida.
Op hierdie speelse manier het Buck van siekte na 'n nuwe lewe oorgegaan.

El amor, el amor verdadero, ardiente y apasionado, finalmente era suyo.
Liefde—ware, brandende en passievolle liefde—was uiteindelik syne.

Nunca había conocido ese tipo de amor en la finca de Miller.
Hy het nog nooit hierdie soort liefde op Miller se landgoed geken nie.

Con los hijos del Juez había compartido trabajo y aventuras.
Met die Regter se seuns het hy werk en avontuur gedeel.

En los nietos vio un orgullo rígido y jactancioso.
By die kleinseuns het hy stywe en grootpraterige trots gesien.

Con el propio juez Miller mantuvo una amistad respetuosa.

Met Regter Miller self het hy 'n respekvolle vriendskap gehad.
Pero el amor que era fuego, locura y adoración llegó con Thornton.
Maar liefde wat vuur, waansin en aanbidding was, het saam met Thornton gekom.
Este hombre había salvado la vida de Buck, y eso solo significaba mucho.
Hierdie man het Buck se lewe gered, en dit alleen het baie beteken.
Pero más que eso, John Thornton era el tipo de maestro ideal.
Maar meer as dit, was John Thornton die ideale soort meester.
Otros hombres cuidaban perros por obligación o necesidad laboral.
Ander mans het uit plig of sakebehoeftes na honde omgesien.
John Thornton cuidaba a sus perros como si fueran sus hijos.
John Thornton het vir sy honde gesorg asof hulle sy kinders was.
Él se preocupaba por ellos porque los amaba y simplemente no podía evitarlo.
Hy het vir hulle omgegee omdat hy hulle liefgehad het en dit eenvoudig nie kon help nie.
John Thornton vio incluso más lejos de lo que la mayoría de los hombres lograron ver.
John Thornton het selfs verder gesien as wat die meeste mans ooit kon sien.
Nunca se olvidó de saludarlos amablemente o decirles alguna palabra de aliento.
Hy het nooit vergeet om hulle vriendelik te groet of 'n opbeurende woordjie te spreek nie.
Le encantaba sentarse con los perros para tener largas charlas, o "gases", como él decía.
Hy was mal daaroor om saam met die honde te sit vir lang gesprekke, of "gassig", soos hy gesê het.
Le gustaba agarrar bruscamente la cabeza de Buck entre sus fuertes manos.

Hy het daarvan gehou om Buck se kop ruweg tussen sy sterk hande te gryp.

Luego apoyó su cabeza contra la de Buck y lo sacudió suavemente.

Toe het hy sy eie kop teen Buck s'n laat rus en hom saggies geskud.

Mientras tanto, él llamaba a Buck con nombres groseros que significaban amor para Buck.

Die hele tyd het hy Buck onbeskofte name genoem wat vir Buck liefde beteken het.

Para Buck, ese fuerte abrazo y esas palabras le trajeron una profunda alegría.

Vir Buck het daardie growwe omhelsing en daardie woorde diepe vreugde gebring.

Su corazón parecía latir con fuerza de felicidad con cada movimiento.

Sy hart het met elke beweging losgebewe van geluk.

Cuando se levantó de un salto, su boca parecía como si se estuviera riendo.

Toe hy daarna opspring, het sy mond gelyk asof dit lag.

Sus ojos brillaban intensamente y su garganta temblaba con una alegría tácita.

Sy oë het helder geskyn en sy keel het gebewe van onuitgesproke vreugde.

Su sonrisa se detuvo en ese estado de emoción y afecto resplandeciente.

Sy glimlag het stilgestaan in daardie toestand van emosie en gloeiende toegeneentheid.

Entonces Thornton exclamó pensativo: "¡Dios! ¡Casi puede hablar!"

Toe roep Thornton peinsend uit: "God! Hy kan amper praat!"

Buck tenía una extraña forma de expresar amor que casi causaba dolor.

Buck het 'n vreemde manier gehad om liefde uit te druk wat amper pyn veroorsaak het.

A menudo apretaba muy fuerte la mano de Thornton entre los dientes.

Hy het Thornton se hand dikwels baie styf tussen sy tande vasgegryp.

La mordedura iba a dejar marcas profundas que permanecerían durante algún tiempo.

Die byt sou diep merke laat wat nog 'n rukkie daarna gebly het.

Buck creía que esos juramentos eran de amor y Thornton lo sabía también.

Buck het geglo dat daardie ede liefde was, en Thornton het dieselfde geweet.

La mayoría de las veces, el amor de Buck se demostraba en una adoración silenciosa, casi silenciosa.

Meestal het Buck se liefde in stil, amper stille aanbidding gewys.

Aunque se emocionaba cuando lo tocaban o le hablaban, no buscaba atención.

Alhoewel hy opgewonde was wanneer hy aangeraak of met hom gepraat is, het hy nie aandag gesoek nie.

Skeet empujó su nariz bajo la mano de Thornton hasta que él la acarició.

Skeet het haar neus onder Thornton se hand gestamp totdat hy haar gestreel het.

Nig se acercó en silencio y apoyó su gran cabeza en la rodilla de Thornton.

Nig het stil aangestap en sy groot kop op Thornton se knie laat rus.

Buck, por el contrario, se conformaba con amar desde una distancia respetuosa.

Buck, daarenteen, was tevrede om van 'n respekvolle afstand lief te hê.

Durante horas permaneció tendido a los pies de Thornton, alerta y observando atentamente.

Hy het ure lank aan Thornton se voete gelê, waaksaam en fyn dopgehou.

Buck estudió cada detalle del rostro de su amo y su más mínimo movimiento.

Buck het elke detail van sy meester se gesig en geringste beweging bestudeer.
O yacía más lejos, estudiando la figura del hombre en silencio.
Of verder weg gelieg, die man se vorm in stilte bestudeer.
Buck observó cada pequeño movimiento, cada cambio de postura o gesto.
Buck het elke klein beweging, elke verandering in postuur of gebaar dopgehou.
Tan poderosa era esta conexión que a menudo atraía la mirada de Thornton.
So kragtig was hierdie verbintenis dat dit Thornton se blik dikwels getrek het.
Sostuvo la mirada de Buck sin palabras, pero el amor brillaba claramente a través de ella.
Hy het Buck se oë sonder woorde ontmoet, liefde wat duidelik deurskyn.
Durante mucho tiempo después de ser salvado, Buck nunca perdió de vista a Thornton.
Vir 'n lang ruk nadat hy gered is, het Buck Thornton nooit uit sig gelaat nie.
Cada vez que Thornton salía de la tienda, Buck lo seguía de cerca afuera.
Wanneer Thornton die tent verlaat het, het Buck hom noukeurig buite gevolg.
Todos los amos severos de las Tierras del Norte habían hecho que Buck tuviera miedo de confiar.
Al die harde meesters in die Noordland het Buck bang gemaak om te vertrou.
Temía que ningún hombre pudiera seguir siendo su amo durante más de un corto tiempo.
Hy het gevrees dat geen man vir langer as 'n kort tydjie sy meester kon bly nie.
Temía que John Thornton desapareciera como Perrault y François.
Hy het gevrees dat John Thornton sou verdwyn soos Perrault en François.

Incluso por la noche, el miedo a perderlo acechaba el sueño inquieto de Buck.
Selfs snags het die vrees om hom te verloor Buck se rustelose slaap teister.
Cuando Buck se despertó, salió a escondidas al frío y fue a la tienda de campaña.
Toe Buck wakker word, het hy in die koue uitgekruip en na die tent gegaan.
Escuchó atentamente el suave sonido de la respiración en su interior.
Hy het aandagtig geluister na die sagte geluid van asemhaling binne.
A pesar del profundo amor de Buck por John Thornton, lo salvaje siguió vivo.
Ten spyte van Buck se diep liefde vir John Thornton, het die wildernis aan die lewe gebly.
Ese instinto primitivo, despertado en el Norte, no desapareció.
Daardie primitiewe instink, wat in die Noorde ontwaak het, het nie verdwyn nie.
El amor trajo devoción, lealtad y el cálido vínculo del fuego.
Liefde het toewyding, lojaliteit en die warm band van die vuurkant gebring.
Pero Buck también mantuvo sus instintos salvajes, agudos y siempre alerta.
Maar Buck het ook sy wilde instinkte skerp en altyd waaksaam behou.
No era sólo una mascota domesticada de las suaves tierras de la civilización.
Hy was nie net 'n getemde troeteldier uit die sagte lande van die beskawing nie.
Buck era un ser salvaje que había venido a sentarse junto al fuego de Thornton.
Buck was 'n wilde wese wat ingekom het om by Thornton se vuur te sit.
Parecía un perro del Sur, pero en su interior vivía lo salvaje.

Hy het gelyk soos 'n Suidland-hond, maar wildheid het in hom gewoon.

Su amor por Thornton era demasiado grande como para permitirle robarle algo.

Sy liefde vir Thornton was te groot om diefstal van die man toe te laat.

Pero en cualquier otro campamento, robaría con valentía y sin pausa.

Maar in enige ander kamp sou hy dapper en sonder om te pouseer steel.

Era tan astuto al robar que nadie podía atraparlo ni acusarlo.

Hy was so slim met steel dat niemand hom kon vang of beskuldig nie.

Su rostro y su cuerpo estaban cubiertos de cicatrices de muchas peleas pasadas.

Sy gesig en liggaam was bedek met letsels van talle vorige gevegte.

Buck seguía luchando con fiereza, pero ahora luchaba con más astucia.

Buck het steeds woes geveg, maar nou het hy met meer listigheid geveg.

Skeet y Nig eran demasiado amables para pelear, y eran de Thornton.

Skeet en Nig was te saggeaard om te veg, en hulle was Thornton s'n.

Pero cualquier perro extraño, por fuerte o valiente que fuese, cedía.

Maar enige vreemde hond, maak nie saak hoe sterk of dapper nie, het padgegee.

De lo contrario, el perro se encontraría luchando contra Buck; luchando por su vida.

Andersins het die hond homself bevind in die stryd teen Buck; veg vir sy lewe.

Buck no tuvo piedad una vez que decidió pelear contra otro perro.

Buck het geen genade gehad toe hy gekies het om teen 'n ander hond te veg nie.

Había aprendido bien la ley del garrote y el colmillo en las Tierras del Norte.
Hy het die wet van knuppel en slagtand in die Noordland goed geleer.
Él nunca renunció a una ventaja y nunca se retractó de la batalla.
Hy het nooit 'n voordeel prysgegee nie en nooit van die geveg teruggedeins nie.
Había estudiado a los Spitz y a los perros más feroces del correo y de la policía.
Hy het Spitz en die felste honde van pos en polisie bestudeer.
Sabía claramente que no había término medio en un combate salvaje.
Hy het duidelik geweet daar was geen middelweg in wilde gevegte nie.
Él debía gobernar o ser gobernado; mostrar misericordia significaba mostrar debilidad.
Hy moet regeer of regeer word; om genade te toon, het beteken om swakheid te toon.
Mercy era una desconocida en el crudo y brutal mundo de la supervivencia.
Genade was onbekend in die rou en brutale wêreld van oorlewing.
Mostrar misericordia era visto como miedo, y el miedo conducía rápidamente a la muerte.
Om genade te betoon is as vrees gesien, en vrees het vinnig tot die dood gelei.
La antigua ley era simple: matar o ser asesinado, comer o ser comido.
Die ou wet was eenvoudig: doodmaak of doodgemaak word, eet of geëet word.
Esa ley vino desde las profundidades del tiempo, y Buck la siguió plenamente.
Daardie wet het uit die dieptes van tyd gekom, en Buck het dit ten volle gevolg.
Buck era mayor que su edad y el número de respiraciones que tomaba.

Buck was ouer as sy jare en die aantal asemteue wat hy geneem het.

Conectó claramente el pasado antiguo con el momento presente.

Hy het die antieke verlede duidelik met die huidige oomblik verbind.

Los ritmos profundos de las épocas lo atravesaban como mareas.

Die diep ritmes van die eeue het deur hom beweeg soos die getye.

El tiempo latía en su sangre con la misma seguridad con la que las estaciones movían la tierra.

Tyd het in sy bloed gepulseer so seker soos seisoene die aarde beweeg het.

Se sentó junto al fuego de Thornton, con el pecho fuerte y los colmillos blancos.

Hy het by Thornton se vuur gesit, met 'n sterk bors en wit tande.

Su largo pelaje ondeaba, pero detrás de él los espíritus de los perros salvajes observaban.

Sy lang pels het gewaai, maar agter hom het die geeste van wildehonde gekyk.

Lobos medio y lobos completos se agitaron dentro de su corazón y sus sentidos.

Halfwolwe en volle wolwe het in sy hart en sintuie geroer.

Probaron su carne y bebieron la misma agua que él.

Hulle het sy vleis geproe en dieselfde water gedrink as wat hy gedoen het.

Olfatearon el viento junto a él y escucharon el bosque.

Hulle het die wind langs hom geruik en na die woud geluister.

Susurraron los significados de los sonidos salvajes en la oscuridad.

Hulle het die betekenisse van die wilde geluide in die donkerte gefluister.

Ellos moldearon sus estados de ánimo y guiaron cada una de sus reacciones tranquilas.

Hulle het sy gemoedstoestand gevorm en elkeen van sy stil reaksies gelei.

Se quedaron con él mientras dormía y se convirtieron en parte de sus sueños más profundos.

Hulle het by hom gelê terwyl hy geslaap het en deel geword van sy diep drome.

Soñaron con él, más allá de él, y constituyeron su propio espíritu.

Hulle het saam met hom gedroom, verder as hom, en sy gees opgemaak.

Los espíritus de la naturaleza llamaron con tanta fuerza que Buck se sintió atraído.

Die geeste van die wildernis het so sterk geroep dat Buck gevoel het of hulle hom aangetrek het.

Cada día, la humanidad y sus reivindicaciones se debilitaban más en el corazón de Buck.

Elke dag het die mensdom en sy eise swakker geword in Buck se hart.

En lo profundo del bosque, un llamado extraño y emocionante estaba por surgir.

Diep in die woud sou 'n vreemde en opwindende roep opkom.

Cada vez que escuchaba el llamado, Buck sentía un impulso que no podía resistir.

Elke keer as hy die roep gehoor het, het Buck 'n drang gevoel wat hy nie kon weerstaan nie.

Él iba a alejarse del fuego y de los caminos humanos trillados.

Hy sou van die vuur en van die gebaande menslike paaie afwyk.

Iba a adentrarse en el bosque, avanzando sin saber por qué.

Hy was op pad die woud in te stort, vorentoe te gaan sonder om te weet hoekom.

Él no cuestionó esta atracción porque el llamado era profundo y poderoso.

Hy het hierdie aantrekkingskrag nie bevraagteken nie, want die roepstem was diep en kragtig.

A menudo, alcanzaba la sombra verde y la tierra suave e intacta.
Dikwels het hy die groen skaduwee en sagte, ongerepte aarde bereik

Pero entonces el fuerte amor por John Thornton lo atrajo de nuevo al fuego.
Maar toe trek die sterk liefde vir John Thornton hom terug na die vuur.

Sólo John Thornton realmente pudo sostener en sus manos el corazón salvaje de Buck.
Slegs John Thornton het Buck se wilde hart werklik in sy greep gehou.

El resto de la humanidad no tenía ningún valor o significado duradero para Buck.
Die res van die mensdom het geen blywende waarde of betekenis vir Buck gehad nie.

Los extraños podrían elogiarlo o acariciar su pelaje con manos amistosas.
Vreemdelinge mag hom prys of sy pels met vriendelike hande streel.

Buck permaneció impasible y se alejó por demasiado afecto.
Buck het onbewoge gebly en weggeloop weens te veel liefde.

Hans y Pete llegaron con la balsa que habían esperado durante tanto tiempo.
Hans en Pete het aangekom met die vlot wat lank verwag is.

Buck los ignoró hasta que supo que estaban cerca de Thornton.
Buck het hulle geïgnoreer totdat hy uitgevind het dat hulle naby Thornton was.

Después de eso, los toleró, pero nunca les mostró total calidez.
Daarna het hy hulle verdra, maar nooit volle warmte aan hulle getoon nie.

Él aceptaba comida o gentileza de ellos como si les estuviera haciendo un favor.
Hy het kos of vriendelikheid van hulle geneem asof hy hulle 'n guns bewys het.

Eran como Thornton: sencillos, honestos y claros en sus pensamientos.
Hulle was soos Thornton—eenvoudig, eerlik en helder in denke.
Todos juntos viajaron al aserradero de Dawson y al gran remolino.
Almal saam het hulle na Dawson se saagmeule en die groot draaikolk gereis
En su viaje aprendieron a comprender profundamente la naturaleza de Buck.
Op hul reis het hulle geleer om Buck se aard diep te verstaan.
No intentaron acercarse como lo habían hecho Skeet y Nig.
Hulle het nie probeer om nader aan mekaar te kom soos Skeet en Nig gedoen het nie.
Pero el amor de Buck por John Thornton solo se profundizó con el tiempo.
Maar Buck se liefde vir John Thornton het mettertyd net verdiep.
Sólo Thornton podía colocar una mochila en la espalda de Buck en el verano.
Slegs Thornton kon in die somer 'n pak op Buck se rug plaas.
Cualquiera que fuera lo que Thornton ordenaba, Buck estaba dispuesto a hacerlo a cabalidad.
Wat Thornton ook al beveel het, Buck was bereid om ten volle te doen.
Un día, después de que dejaron Dawson hacia las cabeceras del río Tanana,
Eendag, nadat hulle Dawson verlaat het vir die oorsprong van die Tanana,
El grupo se sentó en un acantilado que caía un metro hasta el lecho rocoso desnudo.
Die groep het op 'n krans gesit wat drie voet tot by die kaal rotsbodem gedaal het.
John Thornton se sentó cerca del borde y Buck descansó a su lado.
John Thornton het naby die rand gesit, en Buck het langs hom gerus.

Thornton tuvo una idea repentina y llamó la atención de los hombres.
Thornton het skielik 'n gedagte gehad en die mans se aandag getrek.
Señaló hacia el otro lado del abismo y le dio a Buck una única orden.
Hy het oor die kloof gewys en vir Buck 'n enkele bevel gegee.
—¡Salta, Buck! —dijo, extendiendo el brazo por encima del precipicio.
"Spring, Buck!" het hy gesê en sy arm oor die vallei geswaai.
En un momento, tuvo que agarrar a Buck, quien estaba saltando para obedecer.
Binne 'n oomblik moes hy Buck gryp, wat opgespring het om te gehoorsaam.
Hans y Pete corrieron hacia adelante y los pusieron a ambos a salvo.
Hans en Pete het vorentoe gehardloop en albei terug na veiligheid getrek.
Cuando todo terminó y recuperaron el aliento, Pete habló.
Nadat alles verby was, en hulle asemgehaal het, het Pete gepraat.
"El amor es extraño", dijo, conmocionado por la feroz devoción del perro.
"Die liefde is ongelooflik," het hy gesê, geskud deur die hond se vurige toewyding.
Thornton meneó la cabeza y respondió con seriedad y calma.
Thornton het sy kop geskud en met kalm erns geantwoord.
"No, el amor es espléndido", dijo, "pero también terrible".
"Nee, die liefde is wonderlik," het hy gesê, "maar ook verskriklik."
"A veces, debo admitirlo, este tipo de amor me da miedo".
"Soms, moet ek erken, maak hierdie soort liefde my bang."
Pete asintió y dijo: "Odiaría ser el hombre que te toque".
Pete het geknik en gesê: "Ek sou dit haat om die man te wees wat jou aanraak."
Miró a Buck mientras hablaba, serio y lleno de respeto.

Hy het na Buck gekyk terwyl hy gepraat het, ernstig en vol respek.
—¡Py Jingo! —dijo Hans rápidamente—. Yo tampoco, señor.
"Py Jingo!" sê Hans vinnig. "Ek ook nie, meneer."

Antes de que terminara el año, los temores de Pete se hicieron realidad en Circle City.
Voor die einde van die jaar het Pete se vrese by Circle City waar geword.
Un hombre cruel llamado Black Burton provocó una pelea en el bar.
'n Wrede man met die naam Black Burton het 'n bakleiery in die kroeg begin.
Estaba enojado y malicioso, arremetiendo contra un nuevo novato.
Hy was kwaad en kwaadwillig, en het teen 'n nuwe teervoet uitgevaar.
John Thornton entró en escena, tranquilo y afable como siempre.
John Thornton het ingegryp, kalm en goedgesind soos altyd.
Buck yacía en un rincón, con la cabeza gacha, observando a Thornton de cerca.
Buck het in 'n hoek gelê, kop na onder, en Thornton stip dopgehou.
Burton atacó de repente, y su puñetazo hizo que Thornton girara.
Burton het skielik toegeslaan, sy hou het Thornton laat draai.
Sólo la barandilla de la barra evitó que se estrellara con fuerza contra el suelo.
Net die stang se reling het gekeer dat hy hard op die grond neerstort.
Los observadores oyeron un sonido que no era un ladrido ni un aullido.
Die kykers het 'n geluid gehoor wat nie blaf of gegil was nie
Un rugido profundo salió de Buck mientras se lanzaba hacia el hombre.

'n Diep gebrul het van Buck gekom toe hy na die man toe hardloop.
Burton levantó el brazo y apenas salvó su vida.
Burton het sy arm in die lug gegooi en skaars sy eie lewe gered.
Buck se estrelló contra él y lo tiró al suelo.
Buck het teen hom vasgejaag en hom plat op die vloer neergeslaan.
Buck mordió profundamente el brazo del hombre y luego se abalanzó sobre su garganta.
Buck het diep in die man se arm gebyt en toe na die keel gegryp.
Burton sólo pudo bloquearlo parcialmente y su cuello quedó destrozado.
Burton kon net gedeeltelik blokkeer, en sy nek was oopgeskeur.
Los hombres se apresuraron a entrar, con los garrotes en alto, y apartaron a Buck del hombre sangrante.
Mans het ingestorm, knuppels gehys en Buck van die bloeiende man afgedryf.
Un cirujano trabajó rápidamente para detener la fuga de sangre.
'n Chirurg het vinnig gewerk om te keer dat die bloed uitvloei.
Buck caminaba de un lado a otro y gruñía, intentando atacar una y otra vez.
Buck het heen en weer gegrom en probeer aanval.
Sólo los golpes con los palos le impidieron llegar hasta Burton.
Slegs swaaistokke het hom daarvan weerhou om Burton te bereik.
Allí mismo se convocó y celebró una asamblea de mineros.
'n Mynwerkersvergadering is daar en daar gehou.
Estuvieron de acuerdo en que Buck había sido provocado y votaron por liberarlo.
Hulle het saamgestem dat Buck uitgelok is en het gestem om hom vry te laat.

Pero el feroz nombre de Buck ahora resonaba en todos los campamentos de Alaska.
Maar Buck se vurige naam het nou in elke kamp in Alaska weergalm.
Más tarde ese otoño, Buck salvó a Thornton nuevamente de una nueva manera.
Later daardie herfs het Buck Thornton weer op 'n nuwe manier gered.
Los tres hombres guiaban un bote largo por rápidos agitados.
Die drie mans het 'n lang boot deur rowwe stroomversnellings gelei.
Thornton tripulaba el bote, gritando instrucciones para llegar a la costa.
Thornton het die boot beman en aanwysings na die kuslyn geroep.
Hans y Pete corrieron por la tierra, sosteniendo una cuerda de árbol a árbol.
Hans en Pete het op land gehardloop en 'n tou van boom tot boom vasgehou.
Buck seguía el ritmo en la orilla, siempre observando a su amo.
Buck het tred gehou op die oewer, altyd besig om sy meester dop te hou.
En un lugar desagradable, las rocas sobresalían bajo el agua rápida.
Op een nare plek het rotse onder die vinnige water uitgesteek.
Hans soltó la cuerda y Thornton dirigió el bote hacia otro lado.
Hans het die tou losgelaat, en Thornton het die boot wyd gestuur.
Hans corrió para alcanzar el barco nuevamente más allá de las rocas peligrosas.
Hans het gesprint om die boot weer verby die gevaarlike rotse te haal.
El barco superó la cornisa pero se topó con una parte más fuerte de la corriente.

Die boot het die rotsrand oorgesteek, maar 'n sterker deel van die stroom getref.

Hans agarró la cuerda demasiado rápido y desequilibró el barco.

Hans het die tou te vinnig gegryp en die boot uit balans getrek.

El barco se volcó y se estrelló contra la orilla, boca abajo.

Die boot het omgeslaan en teen die wal gebots, onder na bo.

Thornton fue arrojado y arrastrado hacia la parte más salvaje del agua.

Thornton is uitgegooi en in die wildste deel van die water meegesleur.

Ningún nadador habría podido sobrevivir en esas aguas turbulentas y mortales.

Geen swemmer kon in daardie dodelike, jaagwaters oorleef het nie.

Buck saltó instantáneamente y persiguió a su amo río abajo.

Buck het dadelik ingespring en sy baas die rivier af gejaag.

Después de trescientos metros, llegó por fin a Thornton.

Na driehonderd meter het hy uiteindelik Thornton bereik.

Thornton agarró la cola de Buck y Buck se giró hacia la orilla.

Thornton het Buck se stert gegryp, en Buck het na die strand gedraai.

Nadó con todas sus fuerzas, luchando contra el arrastre salvaje del agua.

Hy het met volle krag geswem en die water se wilde sleur beveg.

Se movieron río abajo más rápido de lo que podían llegar a la orilla.

Hulle het vinniger stroomaf beweeg as wat hulle die kus kon bereik.

Más adelante, el río rugía cada vez más fuerte mientras caía en rápidos mortales.

Voor het die rivier harder gebrul terwyl dit in dodelike stroomversnellings geval het.

Las rocas cortaban el agua como los dientes de un peine enorme.
Rotse het deur die water gesny soos die tande van 'n groot kam.
La atracción del agua cerca de la caída era salvaje e ineludible.
Die aantrekkingskrag van die water naby die druppel was wreed en onontkombaar.
Thornton sabía que nunca podrían llegar a la costa a tiempo.
Thornton het geweet hulle sou nooit betyds die kus sou haal nie.
Raspó una roca, se estrelló contra otra,
Hy het oor een rots geskraap, oor 'n tweede een geslaan,
Y entonces se estrelló contra una tercera roca, agarrándola con ambas manos.
En toe bots hy teen 'n derde rots en gryp dit met albei hande.
Soltó a Buck y gritó por encima del rugido: "¡Vamos, Buck! ¡Vamos!".
Hy het Buck losgelaat en oor die gebrul geskree: "Gaan, Buck! Gaan!"
Buck no pudo mantenerse a flote y fue arrastrado por la corriente.
Buck kon nie drywend bly nie en is deur die stroom meegesleur.
Luchó con todas sus fuerzas, intentando girar, pero no consiguió ningún progreso.
Hy het hard geveg, gesukkel om om te draai, maar glad nie vordering gemaak nie.
Entonces escuchó a Thornton repetir la orden por encima del rugido del río.
Toe hoor hy Thornton die bevel oor die rivier se gebrul herhaal.
Buck salió del agua y levantó la cabeza como para echar una última mirada.
Buck het uit die water opgeklim en sy kop opgelig asof hy vir 'n laaste kyk wou gee.

Luego se giró y obedeció, nadando hacia la orilla con resolución.

toe omgedraai en gehoorsaam, en met vasberadenheid na die oewer geswem.

Pete y Hans lo sacaron a tierra en el último momento posible.

Pete en Hans het hom op die laaste moontlike oomblik aan wal getrek.

Sabían que Thornton podría aferrarse a la roca sólo por unos minutos más.

Hulle het geweet Thornton kon net nog minute aan die rots vasklou.

Corrieron por la orilla hasta un lugar mucho más arriba de donde estaba colgado.

Hulle het teen die wal opgehardloop na 'n plek ver bo waar hy gehang het.

Ataron la cuerda del bote al cuello y los hombros de Buck con cuidado.

Hulle het die boot se lyn versigtig aan Buck se nek en skouers vasgemaak.

La cuerda estaba ajustada pero lo suficientemente suelta para permitir la respiración y el movimiento.

Die tou was styf maar los genoeg vir asemhaling en beweging.

Luego lo lanzaron nuevamente al caudaloso y mortal río.

Toe het hulle hom weer in die bruisende, dodelike rivier gegooi.

Buck nadó con valentía, pero perdió su ángulo debido a la fuerza de la corriente.

Buck het dapper geswem, maar sy hoek in die stroom se krag gemis.

Se dio cuenta demasiado tarde de que iba a dejar atrás a Thornton.

Hy het te laat gesien dat hy verby Thornton gaan dryf.

Hans tiró de la cuerda con fuerza, como si Buck fuera un barco que se hundía.

Hans het die tou styf geruk, asof Buck 'n omslaande boot was.

La corriente lo arrastró hacia abajo y desapareció bajo la superficie.
Die stroom het hom ondertoe getrek, en hy het onder die oppervlak verdwyn.
Su cuerpo chocó contra el banco antes de que Hans y Pete pudieran sacarlo.
Sy liggaam het die wal getref voordat Hans en Pete hom uitgetrek het.
Estaba medio ahogado y le sacaron el agua a golpes.
Hy was halfverdrink, en hulle het die water uit hom gedrink.
Buck se puso de pie, se tambaleó y volvió a desplomarse en el suelo.
Buck het opgestaan, gestruikel en weer op die grond ineengestort.
Entonces oyeron la voz de Thornton llevada débilmente por el viento.
Toe hoor hulle Thornton se stem, vaagweg deur die wind gedra.
Aunque las palabras no eran claras, sabían que estaba cerca de morir.
Alhoewel die woorde onduidelik was, het hulle geweet dat hy naby die dood was.
El sonido de la voz de Thornton golpeó a Buck como una sacudida eléctrica.
Die geluid van Thornton se stem het Buck soos 'n elektriese skok getref.
Saltó y corrió por la orilla, regresando al punto de lanzamiento.
Hy het opgespring en teen die wal op gehardloop, teruggekeer na die beginpunt.
Nuevamente ataron la cuerda a Buck, y nuevamente entró al arroyo.
Weer het hulle die tou aan Buck vasgemaak, en weer het hy die stroom binnegegaan.
Esta vez nadó directo y firmemente hacia el agua que palpitaba.

Hierdie keer het hy direk en ferm in die stromende water geswem.

Hans soltó la cuerda con firmeza mientras Pete evitaba que se enredara.
Hans het die tou stadig laat los terwyl Pete gekeer het dat dit verstrengel raak.

Buck nadó con fuerza hasta que estuvo alineado justo encima de Thornton.
Buck het hard geswem totdat hy net bokant Thornton in 'n lyn gestaan het.

Luego se dio la vuelta y se lanzó hacia abajo como un tren a toda velocidad.
Toe draai hy om en storm soos 'n trein in volle spoed af.

Thornton lo vio venir, se preparó y le rodeó el cuello con los brazos.
Thornton het hom sien aankom, gestut en sy arms om sy nek gesluit.

Hans ató la cuerda fuertemente alrededor de un árbol mientras ambos eran arrastrados hacia abajo.
Hans het die tou vas om 'n boom vasgemaak terwyl albei ondertoe getrek is.

Cayeron bajo el agua y se estrellaron contra rocas y escombros del río.
Hulle het onder water getuimel en teen rotse en rivierpuin gebots.

En un momento Buck estaba arriba y al siguiente Thornton se levantó jadeando.
Die een oomblik was Buck bo-op, die volgende het Thornton hyggend opgestaan.

Maltratados y asfixiados, se desviaron hacia la orilla y se pusieron a salvo.
Geslaan en verstik, het hulle na die oewer en veiligheid gedraai.

Thornton recuperó el conocimiento, acostado sobre un tronco a la deriva.
Thornton het sy bewussyn herwin terwyl hy oor 'n dryfblok gelê het.

Hans y Pete trabajaron duro para devolverle el aliento y la vida.
Hans en Pete het hom hard gewerk om asem en lewe terug te bring.
Su primer pensamiento fue para Buck, que yacía inmóvil y flácido.
Sy eerste gedagte was aan Buck, wat bewegingloos en slap gelê het.
Nig aulló sobre el cuerpo de Buck y Skeet le lamió la cara suavemente.
Nig het oor Buck se liggaam gehuil, en Skeet het sy gesig saggies gelek.
Thornton, dolorido y magullado, examinó a Buck con manos cuidadosas.
Thornton, seer en gekneus, het Buck met versigtige hande ondersoek.
Encontró tres costillas rotas, pero ninguna herida mortal en el perro.
Hy het drie gebreekte ribbes gevind, maar geen dodelike wonde in die hond nie.
"Eso lo resuelve", dijo Thornton. "Acamparemos aquí". Y así lo hicieron.
"Dit maak die saak af," het Thornton gesê. "Ons kamp hier." En hulle het.
Se quedaron hasta que las costillas de Buck sanaron y pudo caminar nuevamente.
Hulle het gebly totdat Buck se ribbes genees het en hy weer kon loop.

Ese invierno, Buck realizó una hazaña que aumentó aún más su fama.
Daardie winter het Buck 'n prestasie verrig wat sy roem verder verhoog het.
Fue menos heroico que salvar a Thornton, pero igual de impresionante.
Dit was minder heroïes as om Thornton te red, maar net so indrukwekkend.

En Dawson, los socios necesitaban suministros para un viaje lejano.
By Dawson het die vennote voorraad nodig gehad vir 'n verre reis.

Querían viajar hacia el Este, hacia tierras vírgenes y silvestres.
Hulle wou Ooswaarts reis, na ongerepte wildernislande.

La escritura de Buck en el Eldorado Saloon hizo posible ese viaje.
Buck se daad in die Eldorado Saloon het daardie reis moontlik gemaak.

Todo empezó con hombres alardeando de sus perros mientras bebían.
Dit het begin met mans wat oor hul honde spog oor drankies.

La fama de Buck lo convirtió en blanco de desafíos y dudas.
Buck se roem het hom die teiken van uitdagings en twyfel gemaak.

Thornton, orgulloso y tranquilo, se mantuvo firme en la defensa del nombre de Buck.
Thornton, trots en kalm, het ferm gestaan in die verdediging van Buck se naam.

Un hombre dijo que su perro podía levantar doscientos cincuenta kilos con facilidad.
Een man het gesê sy hond kon met gemak vyfhonderd pond trek.

Otro dijo seiscientos, y un tercero se jactó de setecientos.
Nog een het ses honderd gesê, en 'n derde het gespog met sewe honderd.

"¡Pfft!" dijo John Thornton, "Buck puede tirar de un trineo de mil libras".
"Pfft!" sê John Thornton, "Buck kan 'n duisend pond-slee trek."

Matthewson, un Rey de Bonanza, se inclinó hacia delante y lo desafió.
Matthewson, 'n Bonanza-koning, het vorentoe geleun en hom uitgedaag.

¿Crees que puede poner tanto peso en movimiento?

"Dink jy hy kan soveel gewig in beweging sit?"
"¿Y crees que puede tirar del peso cien yardas enteras?"
"En jy dink hy kan die gewig 'n volle honderd meter trek?"

Thornton respondió con frialdad: «Sí. Buck es lo suficientemente bueno como para hacerlo».

Thornton het koel geantwoord: "Ja. Buck is hond genoeg om dit te doen."

"Pondrá mil libras en movimiento y las arrastrará cien yardas".

"Hy sal 'n duisend pond in beweging sit en dit honderd meter trek."

Matthewson sonrió lentamente y se aseguró de que todos los hombres escucharan sus palabras.

Matthewson het stadig geglimlag en seker gemaak dat alle mans sy woorde hoor.

Tengo mil dólares que dicen que no puede. Ahí está.

"Ek het 'n duisend dollar wat sê hy kan nie. Daar is dit."

Arrojó un saco de polvo de oro del tamaño de una salchicha sobre la barra.

Hy het 'n sak goudstof so groot soos wors op die kroegtoonbank gegooi.

Nadie dijo una palabra. El silencio se hizo denso y tenso a su alrededor.

Niemand het 'n woord gesê nie. Die stilte het swaar en gespanne om hulle geword.

El engaño de Thornton —si es que lo hubo— había sido tomado en serio.

Thornton se bluf—as dit een was—is ernstig opgeneem.

Sintió que el calor le subía a la cara mientras la sangre le subía a las mejillas.

Hy het gevoel hoe die hitte in sy gesig opstyg terwyl die bloed na sy wange gestorm het.

En ese momento su lengua se había adelantado a su razón.

Sy tong het op daardie oomblik sy rede vooruitgeloop.

Realmente no sabía si Buck podría mover mil libras.

Hy het werklik nie geweet of Buck 'n duisend pond kon skuif nie.

¡Media tonelada! Solo su tamaño le hacía sentir un gran peso en el corazón.
'n Halwe ton! Die grootte daarvan alleen het sy hart swaar laat voel.

Tenía fe en la fuerza de Buck y creía que era capaz.
Hy het vertroue in Buck se krag gehad en hom bekwaam geag.

Pero nunca se había enfrentado a un desafío así, no de esta manera.
Maar hy het nog nooit hierdie soort uitdaging in die gesig gestaar nie, nie soos hierdie nie.

Una docena de hombres lo observaban en silencio, esperando ver qué haría.
'n Dosyn mans het hom stil dopgehou en gewag om te sien wat hy sou doen.

Él no tenía el dinero, ni tampoco Hans ni Pete.
Hy het nie die geld gehad nie—ook nie Hans of Pete nie.

"Tengo un trineo afuera", dijo Matthewson fría y directamente.
"Ek het 'n slee buite," het Matthewson koud en direk gesê.

"Está cargado con veinte sacos de cincuenta libras cada uno, todo de harina.
"Dit is gelaai met twintig sakke, vyftig pond elk, alles meel."

Así que no dejen que un trineo perdido sea su excusa ahora", añadió.
Moet dus nie nou 'n vermiste slee jou verskoning laat wees nie," het hy bygevoeg.

Thornton permaneció en silencio. No sabía qué decir.
Thornton het stil gestaan. Hy het nie geweet watter woorde om te bied nie.

Miró a su alrededor los rostros sin verlos con claridad.
Hy het rondgekyk na die gesigte sonder om hulle duidelik te sien.

Parecía un hombre congelado en sus pensamientos, intentando reiniciarse.
Hy het gelyk soos 'n man wat in gedagte gevries was en probeer het om weer te begin.

Luego vio a Jim O'Brien, un amigo de la época de Mastodon.

Toe sien hy Jim O'Brien, 'n vriend van die Mastodon-dae.
Ese rostro familiar le dio un coraje que no sabía que tenía.
Daardie bekende gesig het hom moed gegee wat hy nie geweet het hy het nie.
Se giró y preguntó en voz baja: "¿Puedes prestarme mil?"
Hy het omgedraai en saggies gevra: "Kan jy my duisend leen?"
"Claro", dijo O'Brien, dejando caer un pesado saco junto al oro.
"Seker," het O'Brien gesê en reeds 'n swaar sak by die goud laat val.
"Pero la verdad, John, no creo que la bestia pueda hacer esto".
"Maar eerlikwaar, John, ek glo nie die dier kan dit doen nie."
Todos los que estaban en el Eldorado Saloon corrieron hacia afuera para ver el evento.
Almal in die Eldorado Saloon het buitentoe gehardloop om die geleentheid te sien.
Abandonaron las mesas y las bebidas, e incluso los juegos se pausaron.
Hulle het tafels en drankies gelos, en selfs die speletjies is onderbreek.
Comerciantes y jugadores acudieron para presenciar el final de la audaz apuesta.
Handelaars en dobbelaars het gekom om die einde van die gewaagde weddenskap te aanskou.
Cientos de personas se reunieron alrededor del trineo en la calle helada y abierta.
Honderde het om die slee in die ysige oop straat saamgedrom.
El trineo de Matthewson estaba cargado con un montón de sacos de harina.
Matthewson se slee het met 'n vol vrag meelsakke gestaan.
El trineo había permanecido parado durante horas a temperaturas bajo cero.
Die slee het ure lank in minustemperature gestaan.
Los patines del trineo estaban congelados y pegados a la nieve compacta.

Die slee se lopers was styf teen die neergepakte sneeu vasgevries.

Los hombres ofrecieron dos a uno de que Buck no podría mover el trineo.

Mans het twee-tot-een kanse gebied dat Buck nie die slee kon skuif nie.

Se desató una disputa sobre lo que realmente significaba "break out".

'n Geskil het ontstaan oor wat "uitbreek" werklik beteken.

O'Brien dijo que Thornton debería aflojar la base congelada del trineo.

O'Brien het gesê Thornton moet die slee se bevrore basis losmaak.

Buck pudo entonces "escapar" de un comienzo sólido e inmóvil.

Buck kon dan uit 'n stewige, beweginglose begin "uitbreek".

Matthewson argumentó que el perro también debe liberar a los corredores.

Matthewson het aangevoer die hond moet ook die hardlopers losbreek.

Los hombres que habían escuchado la apuesta estuvieron de acuerdo con la opinión de Matthewson.

Die mans wat die weddenskap gehoor het, het met Matthewson se siening saamgestem.

Con esa decisión, las probabilidades aumentaron a tres a uno en contra de Buck.

Met daardie uitspraak het die kanse tot drie-tot-een teen Buck gestyg.

Nadie se animó a asumir las crecientes probabilidades de tres a uno.

Niemand het vorentoe getree om die groeiende drie-tot-een kans te aanvaar nie.

Ningún hombre creyó que Buck pudiera realizar la gran hazaña.

Nie 'n enkele man het geglo dat Buck die groot prestasie kon verrig nie.

Thornton se había apresurado a hacer la apuesta, cargado de dudas.
Thornton was inderhaas in die weddenskap ingesluit, swaar van twyfel.

Ahora miró el trineo y el equipo de diez perros que estaba a su lado.
Nou het hy na die slee en die span van tien honde langsaan gekyk.

Ver la realidad de la tarea la hizo parecer más imposible.
Om die werklikheid van die taak te sien, het dit meer onmoontlik laat lyk.

Matthewson estaba lleno de orgullo y confianza en ese momento.
Matthewson was op daardie oomblik vol trots en selfvertroue.

—¡Tres a uno! —gritó—. ¡Apuesto mil más, Thornton!
"Drie teen een!" het hy geskree. "Ek wed nog 'n duisend, Thornton!"

"¿Qué dices?" añadió lo suficientemente alto para que todos lo oyeran.
"Wat sê jy?" het hy bygevoeg, hard genoeg sodat almal dit kon hoor.

El rostro de Thornton mostraba sus dudas, pero su ánimo se había elevado.
Thornton se gesig het sy twyfel getoon, maar sy gees het opgestaan.

Ese espíritu de lucha ignoraba las probabilidades y no temía a nada en absoluto.
Daardie veggees het die kanse geïgnoreer en glad nie gevrees nie.

Llamó a Hans y Pete para que trajeran todo su dinero a la mesa.
Hy het vir Hans en Pete gebel om al hulle kontant na die tafel te bring.

Les quedaba poco: sólo doscientos dólares en total.
Hulle het min oorgehad—slegs tweehonderd dollar saam.

Esta pequeña suma constituía su fortuna total en tiempos difíciles.

Hierdie klein bedrag was hul totale fortuin gedurende moeilike tye.

Aún así, apostaron toda su fortuna contra la apuesta de Matthewson.

Tog het hulle al die fortuin teen Matthewson se weddenskap neergelê.

El equipo de diez perros fue desenganchado y se alejó del trineo.

Die span van tien honde is losgekoppel en het van die slee wegbeweeg.

Buck fue colocado en las riendas, vistiendo su arnés familiar.

Buck is in die teuels geplaas, met sy bekende harnas aan.

Había captado la energía de la multitud y sentía la tensión.

Hy het die energie van die skare vasgevang en die spanning aangevoel.

De alguna manera, sabía que tenía que hacer algo por John Thornton.

Op een of ander manier het hy geweet hy moes iets vir John Thornton doen.

La gente murmuraba con admiración ante la orgullosa figura del perro.

Mense het met bewondering gemompel oor die hond se trotse figuur.

Era delgado y fuerte, sin un solo gramo de carne extra.

Hy was maer en sterk, sonder 'n enkele ekstra greintjie vleis.

Su peso total de ciento cincuenta libras era todo potencia y resistencia.

Sy volle gewig van honderd-en-vyftig pond was alles krag en uithouvermoë.

El pelaje de Buck brillaba como la seda, espeso y saludable.

Buck se jas het geglim soos sy, dik van gesondheid en krag.

El pelaje a lo largo de su cuello y hombros pareció levantarse y erizarse.

Die pels langs sy nek en skouers het gelyk of dit lig en borsel.

Su melena se movía levemente, cada cabello vivo con su gran energía.

Sy maanhare het effens beweeg, elke haar lewendig met sy groot energie.

Su pecho ancho y sus piernas fuertes hacían juego con su cuerpo pesado y duro.

Sy breë bors en sterk bene het by sy swaar, taai liggaam gepas.

Los músculos se ondulaban bajo su abrigo, tensos y firmes como hierro.

Spiere het onder sy jas geriffel, styf en ferm soos gebonde yster.

Los hombres lo tocaron y juraron que estaba construido como una máquina de acero.

Mans het hom aangeraak en gesweer hy was gebou soos 'n staalmasjien.

Las probabilidades bajaron levemente a dos a uno contra el gran perro.

Die kans het effens gedaal tot twee teen een teen die groot hond.

Un hombre de los bancos Skookum se adelantó, tartamudeando.

'n Man van die Skookum-banke het hakkelend vorentoe gestoot.

—¡Bien, señor! ¡Ofrezco ochocientas libras por él, antes del examen, señor!

"Goed, meneer! Ek bied agthonderd vir hom—voor die toets, meneer!"

"¡Ochocientos, tal como está ahora mismo!" insistió el hombre.

"Agt honderd, soos hy nou staan!" het die man aangedring.

Thornton dio un paso adelante, sonrió y meneó la cabeza con calma.

Thornton het vorentoe getree, geglimlag en kalm sy kop geskud.

Matthewson intervino rápidamente con una voz de advertencia y el ceño fruncido.

Matthewson het vinnig met 'n waarskuwende stem en frons ingegryp.

—Debes alejarte de él —dijo—. Dale espacio.

"Jy moet van hom af wegstap," het hy gesê. "Gee hom ruimte."

La multitud quedó en silencio; sólo los jugadores seguían ofreciendo dos a uno.

Die skare het stil geword; slegs dobbelaars het steeds twee teen een aangebied.

Todos admiraban la complexión de Buck, pero la carga parecía demasiado grande.

Almal het Buck se bou bewonder, maar die lading het te groot gelyk.

Veinte sacos de harina, cada uno de cincuenta libras de peso, parecían demasiados.

Twintig sakke meel—elk vyftig pond in gewig—het heeltemal te veel gelyk.

Nadie estaba dispuesto a abrir su bolsa y arriesgar su dinero.

Niemand was bereid om hul sak oop te maak en hul geld te waag nie.

Thornton se arrodilló junto a Buck y tomó su cabeza con ambas manos.

Thornton het langs Buck gekniel en sy kop in albei hande geneem.

Presionó su mejilla contra la de Buck y le habló al oído.

Hy het sy wang teen Buck s'n gedruk en in sy oor gepraat.

Ya no había apretones juguetones ni susurros de insultos amorosos.

Daar was nou geen speelse geskud of gefluisterde liefdevolle beledigings nie.

Él sólo murmuró suavemente: "Tanto como me amas, Buck".

Hy het net saggies gemompel, "Soveel as wat jy my liefhet, Buck."

Buck dejó escapar un gemido silencioso, su entusiasmo apenas fue contenido.

Buck het 'n sagte gekerm uitgestoot, sy gretigheid skaars bedwing.

Los espectadores observaron con curiosidad cómo la tensión llenaba el aire.

Die omstanders het met nuuskierigheid gekyk terwyl spanning die lug gevul het.
El momento parecía casi irreal, como algo más allá de la razón.
Die oomblik het amper onwerklik gevoel, soos iets buite die rede.
Cuando Thornton se puso de pie, Buck tomó suavemente su mano entre sus mandíbulas.
Toe Thornton opstaan, het Buck sy hand saggies in sy kake geneem.
Presionó con los dientes y luego lo soltó lenta y suavemente.
Hy het met sy tande gedruk en toe stadig en saggies losgelaat.
Fue una respuesta silenciosa de amor, no dicha, pero entendida.
Dit was 'n stille antwoord van liefde, nie uitgespreek nie, maar verstaan.
Thornton se alejó bastante del perro y dio la señal.
Thornton het 'n lang tree van die hond af teruggetree en die teken gegee.
—Ahora, Buck —dijo, y Buck respondió con calma y concentración.
"Nou, Buck," het hy gesê, en Buck het met gefokusde kalmte gereageer.
Buck apretó las correas y luego las aflojó unos centímetros.
Buck het die spore stywer getrek en hulle toe met 'n paar duim losgemaak.
Éste era el método que había aprendido; su manera de romper el trineo.
Dit was die metode wat hy geleer het; sy manier om die slee te breek.
—¡Caramba! —gritó Thornton con voz aguda en el pesado silencio.
"Sjoe!" het Thornton geskree, sy stem skerp in die swaar stilte.
Buck giró hacia la derecha y se lanzó con todo su peso.
Buck het regs gedraai en met al sy gewig uitgeval.
La holgura desapareció y la masa total de Buck golpeó las cuerdas apretadas.

Die slapheid het verdwyn, en Buck se volle massa het die stywe spore getref.

El trineo tembló y los patines produjeron un crujido crujiente.

Die slee het gebewe, en die hardlopers het 'n skerp kraakgeluid gemaak.

—¡Ja! —ordenó Thornton, cambiando nuevamente la dirección de Buck.

"Ha!" het Thornton beveel en Buck se rigting weer verskuif.

Buck repitió el movimiento, esta vez tirando bruscamente hacia la izquierda.

Buck het die beweging herhaal, hierdie keer skerp na links getrek.

El trineo crujió más fuerte y los patines crujieron y se movieron.

Die slee het harder gekraak, die lopers het geknap en geskuif.

La pesada carga se deslizó ligeramente hacia un lado sobre la nieve congelada.

Die swaar vrag het effens sywaarts oor die bevrore sneeu gegly.

¡El trineo se había soltado del sendero helado!

Die slee het losgebreek uit die greep van die ysige paadjie!

Los hombres contenían la respiración, sin darse cuenta de que ni siquiera estaban respirando.

Mans het hul asem opgehou, onbewus daarvan dat hulle nie eers asemhaal nie.

—¡Ahora, TIRA! —gritó Thornton a través del silencio helado.

"Nou, TREK!" het Thornton deur die bevrore stilte uitgeroep.

La orden de Thornton sonó aguda, como el chasquido de un látigo.

Thornton se bevel het skerp geklink, soos die geklap van 'n sweep.

Buck se lanzó hacia adelante con una estocada feroz y estremecedora.

Buck het homself vorentoe geslinger met 'n woeste en skokkende longe.

Todo su cuerpo se tensó y se arrugó por la enorme tensión.
Sy hele liggaam het gespanne en saamgetrek weens die massiewe spanning.
Los músculos se ondulaban bajo su pelaje como serpientes que cobraban vida.
Spiere het onder sy pels geriffel soos slange wat lewendig word.
Su gran pecho estaba bajo y la cabeza estirada hacia delante, hacia el trineo.
Sy groot bors was laag, kop vorentoe na die slee gestrek.
Sus patas se movían como un rayo y sus garras cortaban el suelo helado.
Sy pote het soos weerlig beweeg, kloue wat die bevrore grond sny.
Los surcos se abrieron profundos mientras luchaba por cada centímetro de tracción.
Groewe is diep gesny terwyl hy vir elke duim vastrapplek geveg het.
El trineo se balanceó, tembló y comenzó un movimiento lento e inquieto.
Die slee het gewieg, gebewe en 'n stadige, ongemaklike beweging begin.
Un pie resbaló y un hombre entre la multitud gimió en voz alta.
Een voet het gegly, en 'n man in die skare het hardop gekreun.
Entonces el trineo se lanzó hacia adelante con un movimiento brusco y espasmódico.
Toe het die slee vorentoe geslinger in 'n rukkende, rowwe beweging.
No se detuvo de nuevo: media pulgada... una pulgada... dos pulgadas más.
Dit het nie weer opgehou nie—'n halwe duim...'n duim...twee duim meer.
Los tirones se hicieron más pequeños a medida que el trineo empezó a ganar velocidad.
Die rukke het al hoe kleiner geword namate die slee spoed begin kry het.

Pronto Buck estaba tirando con una potencia suave, uniforme y rodante.
Gou het Buck met gladde, egalige, rollende krag getrek.
Los hombres jadearon y finalmente recordaron respirar de nuevo.
Mans het na hul asem gesnak en uiteindelik onthou om weer asem te haal.
No se habían dado cuenta de que su respiración se había detenido por el asombro.
Hulle het nie opgemerk dat hul asem in ontsag opgehou het nie.
Thornton corrió detrás, gritando órdenes breves y alegres.
Thornton het agterna gehardloop en kort, vrolike bevele uitgeroep.
Más adelante había una pila de leña que marcaba la distancia.
Voor was 'n stapel brandhout wat die afstand gemerk het.
A medida que Buck se acercaba a la pila, los vítores se hacían cada vez más fuertes.
Soos Buck die hoop nader gekom het, het die gejuig al hoe harder geword.
Los aplausos aumentaron hasta convertirse en un rugido cuando Buck pasó el punto final.
Die gejuig het in 'n gebrul oorgegaan toe Buck die eindpunt verbysteek.
Los hombres saltaron y gritaron, incluso Matthewson sonrió.
Mans het gespring en geskreeu, selfs Matthewson het in 'n glimlag uitgebars.
Los sombreros volaron por el aire y los guantes fueron arrojados sin pensar ni rumbo.
Hoede het die lug in gevlieg, wantjies is sonder gedagte of doel gegooi.
Los hombres se abrazaron y se dieron la mano sin saber a quién.
Mans het mekaar gegryp en hande geskud sonder om te weet wie.
Toda la multitud vibró en una celebración salvaje y alegre.

Die hele skare het gegons in wilde, vreugdevolle feesviering.
Thornton cayó de rodillas junto a Buck con manos temblorosas.
Thornton het met bewerige hande langs Buck op sy knieë geval.
Apretó su cabeza contra la de Buck y lo sacudió suavemente hacia adelante y hacia atrás.
Hy het sy kop teen Buck s'n gedruk en hom saggies heen en weer geskud.
Los que se acercaron le oyeron maldecir al perro con silencioso amor.
Diegene wat nader gekom het, het hom die hond met stille liefde hoor vloek.
Maldijo a Buck durante un largo rato, suavemente, cálidamente, con emoción.
Hy het lank op Buck gevloek — saggies, hartlik, met emosie.
—¡Bien, señor! ¡Bien, señor! —gritó el rey del Banco Skookum a toda prisa.
"Goed, meneer! Goed, meneer!" het die Skookum Bank-koning haastig uitgeroep.
—¡Le daré mil, no, mil doscientos, por ese perro, señor!
"Ek sal jou 'n duisend — nee, twaalfhonderd — vir daardie hond gee, meneer!"
Thornton se puso de pie lentamente, con los ojos brillantes de emoción.
Thornton het stadig orent gekom, sy oë het gestraal van emosie.
Las lágrimas corrían abiertamente por sus mejillas sin ninguna vergüenza.
Trane het oop en oop oor sy wange gestroom sonder enige skaamte.
"Señor", le dijo al rey del Banco Skookum, firme y firme.
"Meneer," het hy vir die Skookum Bank-koning gesê, standvastig en ferm
—No, señor. Puede irse al infierno, señor. Esa es mi última respuesta.

"Nee, meneer. U kan hel toe gaan, meneer. Dis my finale antwoord."

Buck agarró suavemente la mano de Thornton con sus fuertes mandíbulas.

Buck het Thornton se hand saggies met sy sterk kake gegryp.

Thornton lo sacudió juguetonamente; su vínculo era más profundo que nunca.

Thornton het hom speels geskud, hul band diep soos altyd.

La multitud, conmovida por el momento, retrocedió en silencio.

Die skare, ontroer deur die oomblik, het in stilte teruggetree.

Desde entonces nadie se atrevió a interrumpir tan sagrado afecto.

Van toe af het niemand dit gewaag om sulke heilige liefde te onderbreek nie.

El sonido de la llamada
Die Klank van die Roep

Buck había ganado mil seiscientos dólares en cinco minutos.
Buck het sestienhonderd dollar in vyf minute verdien.
El dinero permitió a John Thornton pagar algunas de sus deudas.
Die geld het John Thornton toegelaat om van sy skuld af te betaal.
Con el resto del dinero se dirigió al Este con sus socios.
Met die res van die geld het hy saam met sy vennote ooswaarts vertrek.
Buscaban una legendaria mina perdida, tan antigua como el país mismo.
Hulle het 'n legendariese verlore myn gesoek, so oud soos die land self.
Muchos hombres habían buscado la mina, pero pocos la habían encontrado.
Baie mans het na die myn gesoek, maar min het dit ooit gevind.
Más de unos pocos hombres habían desaparecido durante la peligrosa búsqueda.
Meer as 'n paar mans het tydens die gevaarlike soeke verdwyn.
Esta mina perdida estaba envuelta en misterio y vieja tragedia.
Hierdie verlore myn was in beide misterie en ou tragedie gehul.
Nadie sabía quién había sido el primer hombre que encontró la mina.
Niemand het geweet wie die eerste man was wat die myn gevind het nie.
Las historias más antiguas no mencionan a nadie por su nombre.
Die oudste stories noem niemand by die naam nie.
Siempre había habido allí una antigua y destartalada cabaña.

Daar was nog altyd 'n antieke vervalle kajuit daar.
Los hombres moribundos habían jurado que había una mina al lado de aquella vieja cabaña.
Sterwende mans het gesweer daar was 'n myn langs daardie ou kajuit.
Probaron sus historias con oro como ningún otro en ningún otro lugar.
Hulle het hul stories met goud bewys soos niemand elders gevind word nie.
Ningún alma viviente había jamás saqueado el tesoro de aquel lugar.
Geen lewende siel het ooit die skat van daardie plek geplunder nie.
Los muertos estaban muertos, y los muertos no cuentan historias.
Die dooies was dood, en dooie manne vertel geen stories nie.
Entonces Thornton y sus amigos se dirigieron al Este.
So het Thornton en sy vriende na die Ooste vertrek.
Pete y Hans se unieron, trayendo a Buck y seis perros fuertes.
Pete en Hans het aangesluit, en Buck en ses sterk honde saamgebring.
Se embarcaron en un camino desconocido donde otros habían fracasado.
Hulle het 'n onbekende roete gevolg waar ander misluk het.
Se deslizaron en trineo setenta millas por el congelado río Yukón.
Hulle het sewentig myl met 'n slee op die bevrore Yukonrivier gery.
Giraron a la izquierda y siguieron el sendero hacia Stewart.
Hulle het links gedraai en die paadjie tot in die Stewart gevolg.
Pasaron Mayo y McQuestion y siguieron adelante.
Hulle het verby die Mayo en McQuestion gery en verder aangestap.
El río Stewart se encogió y se convirtió en un arroyo, atravesando picos irregulares.

Die Stewart het in 'n stroom ingekrimp en deur gekartelde pieke geslinger.

Estos picos afilados marcaban la columna vertebral del continente.

Hierdie skerp pieke het die ruggraat van die vasteland gemerk.

John Thornton exigía poco a los hombres y a la tierra salvaje.

John Thornton het min van mans of die wilde land geëis.

No temía a nada de la naturaleza y se enfrentaba a lo salvaje con facilidad.

Hy het niks in die natuur gevrees nie en die wildernis met gemak aangedurf.

Con sólo sal y un rifle, podría viajar a donde quisiera.

Met net sout en 'n geweer kon hy reis waar hy wou.

Al igual que los nativos, cazaba alimentos mientras viajaba.

Soos die inboorlinge, het hy kos gejag terwyl hy gereis het.

Si no pescaba nada, seguía adelante, confiando en que la suerte le acompañaría.

As hy niks gevang het nie, het hy aangehou en op geluk vertrou.

En este largo viaje, la carne era lo principal que comían.

Op hierdie lang reis was vleis die hoofgereg wat hulle geëet het.

El trineo contenía herramientas y municiones, pero no un horario estricto.

Die slee het gereedskap en ammunisie bevat, maar geen streng tydskedule nie.

A Buck le encantaba este vagabundeo, la caza y la pesca interminables.

Buck het hierdie ronddwaal liefgehad; die eindelose jag en visvang.

Durante semanas estuvieron viajando día tras día.

Weke lank het hulle dag na bestendige dag gereis.

Otras veces montaban campamentos y permanecían allí durante semanas.

Ander kere het hulle kampe opgeslaan en weke lank stilgebly.

Los perros descansaron mientras los hombres cavaban en la tierra congelada.
Die honde het gerus terwyl die mans deur bevrore grond gegrawe het.
Calentaron sartenes sobre el fuego y buscaron oro escondido.
Hulle het panne oor vure warm gemaak en na verborge goud gesoek.
Algunos días pasaban hambre y otros días tenían fiestas.
Party dae het hulle uitgehonger, en party dae het hulle feeste gehou.
Sus comidas dependían de la presa y de la suerte de la caza.
Hul maaltye het afgehang van die wild en die geluk van die jag.
Cuando llegaba el verano, los hombres y los perros cargaban cargas sobre sus espaldas.
Toe die somer aanbreek, het mans en honde vragte op hul rûe gepak.
Navegaron por lagos azules escondidos en bosques de montaña.
Hulle het oor blou mere gevlot wat in bergwoude versteek was.
Navegaban en delgadas embarcaciones por ríos que ningún hombre había cartografiado jamás.
Hulle het dun bote op riviere geseil wat geen mens ooit gekarteer het nie.
Esos barcos se construyeron a partir de árboles que cortaban en la naturaleza.
Daardie bote is gebou van bome wat hulle in die natuur gesaag het.

Los meses pasaron y ellos serpentearon por tierras salvajes y desconocidas.
Die maande het verbygegaan, en hulle het deur die wilde onbekende lande gekronkel.
No había hombres allí, aunque había rastros antiguos que indicaban que había habido hombres.

Daar was geen mans daar nie, maar ou spore het daarop gesinspeel dat daar mans was.

Si la Cabaña Perdida fue real, entonces otras personas habían pasado por allí alguna vez.

As die Verlore Hut werklik was, dan het ander eens hierheen gekom.

Cruzaron pasos altos en medio de tormentas de nieve, incluso en verano.

Hulle het hoë passe in sneeustorms oorgesteek, selfs gedurende die somer.

Temblaban bajo el sol de medianoche en las laderas desnudas de las montañas.

Hulle het gebewe onder die middernagson op kaal berghellings.

Entre la línea de árboles y los campos de nieve, subieron lentamente.

Tussen die boomlyn en die sneeuvelde het hulle stadig geklim.

En los valles cálidos, aplastaban nubes de mosquitos y moscas.

In warm valleie het hulle na wolke muggies en vlieë geslaan.

Recogieron bayas dulces cerca de los glaciares en plena floración del verano.

Hulle het soet bessies gepluk naby gletsers in volle somerblom.

Las flores que encontraron eran tan hermosas como las de las Tierras del Sur.

Die blomme wat hulle gevind het, was so pragtig soos dié in die Suidland.

Ese otoño llegaron a una región solitaria llena de lagos silenciosos.

Daardie herfs het hulle 'n eensame streek vol stil mere bereik.

La tierra estaba triste y vacía, una vez llena de pájaros y bestias.

Die land was droewig en leeg, eens lewendig met voëls en diere.

Ahora no había vida, sólo el viento y el hielo formándose en charcos.
Nou was daar geen lewe nie, net die wind en ys wat in poele vorm.
Las olas golpeaban las orillas vacías con un sonido suave y triste.
Golwe het teen leë oewers gekolk met 'n sagte, treurige geluid.

Llegó otro invierno y volvieron a seguir los viejos y tenues senderos.
Nog 'n winter het aangebreek, en hulle het weer dowwe, ou spore gevolg.
Éstos eran los rastros de hombres que habían buscado mucho antes que ellos.
Dit was die spore van mans wat lank voor hulle gesoek het.
Un día encontraron un camino que se adentraba profundamente en el bosque oscuro.
Eenkeer het hulle 'n paadjie diep in die donker woud gevind.
Era un sendero antiguo y sintieron que la cabaña perdida estaba cerca.
Dit was 'n ou roete, en hulle het gevoel die verlore kajuit was naby.
Pero el sendero no conducía a ninguna parte y se perdía en el espeso bosque.
Maar die paadjie het nêrens gelei nie en het in die digte bos verdwyn.
Nadie sabe quién hizo el sendero ni por qué lo hizo.
Wie ook al die roete gemaak het, en hoekom hulle dit gemaak het, het niemand geweet nie.
Más tarde encontraron los restos de una cabaña escondidos entre los árboles.
Later het hulle die wrak van 'n lodge tussen die bome gevind.
Mantas podridas yacían esparcidas donde alguna vez alguien había dormido.
Verrottende komberse het versprei gelê waar iemand eens geslaap het.

John Thornton encontró una pistola de chispa de cañón largo enterrada en el interior.
John Thornton het 'n langloop-vuursteenwapen binne-in begrawe gevind.
Sabía que se trataba de un cañón de la Bahía de Hudson desde los primeros días de su comercialización.
Hy het geweet dat dit 'n Hudsonbaai-geweer was van vroeë handelsdae.
En aquella época, estas armas se intercambiaban por montones de pieles de castor.
In daardie dae is sulke gewere verruil vir stapels bevervelle.
Eso fue todo: no quedó ninguna pista del hombre que construyó el albergue.
Dit was al—geen leidraad het oorgebly van die man wat die lodge gebou het nie.

Llegó nuevamente la primavera y no encontraron ninguna señal de la Cabaña Perdida.
Die lente het weer aangebreek, en hulle het geen teken van die Verlore Hut gevind nie.
En lugar de eso encontraron un valle amplio con un arroyo poco profundo.
In plaas daarvan het hulle 'n breë vallei met 'n vlak stroom gevind.
El oro se extendía sobre el fondo de las sartenes como mantequilla suave y amarilla.
Goud het oor die bodems van die pan gelê soos gladde, geel botter.
Se detuvieron allí y no buscaron más la cabaña.
Hulle het daar stilgehou en nie verder na die kajuit gesoek nie.
Cada día trabajaban y encontraban miles en polvo de oro.
Elke dag het hulle gewerk en duisende in goudstof gevind.
Empaquetaron el oro en bolsas de piel de alce, de cincuenta libras cada una.
Hulle het die goud in sakke elandvel verpak, vyftig pond elk.
Las bolsas estaban apiladas como leña afuera de su pequeña cabaña.

Die sakke was soos brandhout buite hul klein lodge gestapel.
Trabajaron como gigantes y los días pasaban como sueños rápidos.
Hulle het soos reuse gewerk, en die dae het verbygegaan soos vinnige drome.
Acumularon tesoros a medida que los días interminables transcurrían rápidamente.
Hulle het skatte opgehoop terwyl die eindelose dae vinnig verbygerol het.
Los perros no tenían mucho que hacer excepto transportar carne de vez en cuando.
Daar was min vir die honde om te doen behalwe om nou en dan vleis te sleep.
Thornton cazó y mató el animal, y Buck se quedó tendido junto al fuego.
Thornton het die wild gejag en doodgemaak, en Buck het by die vuur gelê.
Pasó largas horas en silencio, perdido en sus pensamientos y recuerdos.
Hy het lang ure in stilte deurgebring, verlore in gedagte en herinneringe.
La imagen del hombre peludo venía cada vez más a la mente de Buck.
Die beeld van die harige man het meer dikwels in Buck se gedagtes opgekom.
Ahora que el trabajo escaseaba, Buck soñaba mientras parpadeaba ante el fuego.
Noudat werk skaars was, het Buck gedroom terwyl hy na die vuur geknipper het.
En esos sueños, Buck vagaba con el hombre en otro mundo.
In daardie drome het Buck saam met die man in 'n ander wêreld rondgedwaal.
El miedo parecía el sentimiento más fuerte en ese mundo distante.
Vrees het die sterkste gevoel in daardie verre wêreld gelyk.
Buck vio al hombre peludo dormir con la cabeza gacha.
Buck het die harige man sien slaap met sy kop laag gebuig.

Tenía las manos entrelazadas y su sueño era inquieto y entrecortado.
Sy hande was saamgevou, en sy slaap was rusteloos en onderbroke.
Solía despertarse sobresaltado y mirar con miedo hacia la oscuridad.
Hy het gewoonlik met 'n skrik wakker geword en vreesbevange in die donker gestaar.
Luego echaba más leña al fuego para mantener la llama brillante.
Dan sou hy meer hout op die vuur gooi om die vlam helder te hou.
A veces caminaban por una playa junto a un mar gris e interminable.
Soms het hulle langs 'n strand langs 'n grys, eindelose see geloop.
El hombre peludo recogía mariscos y los comía mientras caminaba.
Die harige man het skulpvis gepluk en dit geëet terwyl hy geloop het.
Sus ojos buscaban siempre peligros ocultos en las sombras.
Sy oë het altyd gesoek na verborge gevare in die skaduwees.
Sus piernas siempre estaban listas para correr ante la primera señal de amenaza.
Sy bene was altyd gereed om te sprint by die eerste teken van bedreiging.
Se arrastraron por el bosque, silenciosos y cautelosos, uno al lado del otro.
Hulle het deur die woud gesluip, stil en versigtig, sy aan sy.
Buck lo siguió de cerca y ambos se mantuvieron alerta.
Buck het op sy hakke gevolg, en hulle albei het waaksaam gebly.
Sus orejas se movían y temblaban, sus narices olfateaban el aire.
Hul ore het getrek en beweeg, hul neuse het die lug gesnuif.
El hombre podía oír y oler el bosque tan agudamente como Buck.

Die man kon die woud so skerp hoor en ruik soos Buck.
El hombre peludo se balanceó entre los árboles con una velocidad repentina.
Die harige man swaai met 'n skielike spoed deur die bome.
Saltaba de rama en rama sin perder nunca su agarre.
Hy het van tak tot tak gespring en nooit sy greep verloor nie.
Se movió tan rápido sobre el suelo como sobre él.
Hy het net so vinnig bo die grond beweeg as wat hy daarop gedoen het.
Buck recordó las largas noches bajo los árboles, haciendo guardia.
Buck het lang nagte onder die bome onthou, terwyl hy wag gehou het.
El hombre dormía recostado en las ramas, aferrado fuertemente.
Die man het in die takke geslaap en styf vasgeklou.
Esta visión del hombre peludo estaba estrechamente ligada al llamado profundo.
Hierdie visioen van die harige man was nou gekoppel aan die diepe roeping.
El llamado aún resonaba en el bosque con una fuerza inquietante.
Die roep het steeds met spookagtige krag deur die woud geklink.
La llamada llenó a Buck de anhelo y una inquieta sensación de alegría.
Die oproep het Buck met verlange en 'n rustelose gevoel van vreugde vervul.
Sintió impulsos y agitaciones extrañas que no podía nombrar.
Hy het vreemde drange en roerings gevoel wat hy nie kon benoem nie.
A veces seguía la llamada hasta lo profundo del tranquilo bosque.
Soms het hy die roepstem diep in die stil bos gevolg.
Buscó el llamado, ladrando suave o agudamente mientras caminaba.

Hy het na die roepstem gesoek, saggies of skerp geblaf terwyl hy geloop het.

Olfateó el musgo y la tierra negra donde crecían las hierbas.
Hy het aan die mos en swart grond geruik waar die grasse gegroei het.

Resopló de alegría ante los ricos olores de la tierra profunda.
Hy het van genot gesnork oor die ryk geure van die diep aarde.

Se agazapó durante horas detrás de troncos cubiertos de hongos.
Hy het ure lank gehurk agter stamme wat met swam bedek was.

Se quedó quieto, escuchando con los ojos muy abiertos cada pequeño sonido.
Hy het stil gebly en met groot oë na elke klein geluidjie geluister.

Quizás esperaba sorprender al objeto que le había hecho el llamado.
Hy het dalk gehoop om die ding wat die oproep gegee het, te verras.

Él no sabía por qué actuaba así: simplemente lo hacía.
Hy het nie geweet hoekom hy so opgetree het nie — hy het eenvoudig net so opgetree.

Los impulsos venían desde lo más profundo, más allá del pensamiento o la razón.
Die drange het van diep binne gekom, anderkant denke of rede.

Impulsos irresistibles se apoderaron de Buck sin previo aviso ni razón.
Onweerstaanbare drange het Buck sonder waarskuwing of rede beetgepak.

A veces dormitaba perezosamente en el campamento bajo el calor del mediodía.
Soms het hy lui in die kamp onder die middaghitte gedut.

De repente, su cabeza se levantó y sus orejas se levantaron en alerta.
Skielik lig sy kop op en sy ore skiet wakker op.

Entonces se levantó de un salto y se lanzó hacia lo salvaje sin detenerse.
Toe spring hy op en storm sonder om te pouseer die wildernis in.
Corrió durante horas por senderos forestales y espacios abiertos.
Hy het ure lank deur bospaadjies en oop ruimtes gehardloop.
Le encantaba seguir los lechos de los arroyos secos y espiar a los pájaros en los árboles.
Hy was lief daarvoor om droë spruitbeddings te volg en voëls in die bome te bespied.
Podría permanecer escondido todo el día, mirando a las perdices pavonearse.
Hy kon heeldag weggesteek lê en patryse dophou wat rondstap.
Ellos tamborilearon y marcharon, sin percatarse de la presencia todavía de Buck.
Hulle het getrommel en gemarsjeer, onbewus van Buck se stil teenwoordigheid.
Pero lo que más le gustaba era correr al atardecer en verano.
Maar wat hy die meeste liefgehad het, was om in die somerskemer te hardloop.
La tenue luz y los sonidos soñolientos del bosque lo llenaron de alegría.
Die dowwe lig en slaperige bosgeluide het hom met vreugde vervul.
Leyó las señales del bosque tan claramente como un hombre lee un libro.
Hy het die bostekens so duidelik gelees soos 'n man 'n boek lees.
Y siempre buscaba aquella cosa extraña que lo llamaba.
En hy het altyd gesoek na die vreemde ding wat hom geroep het.
Ese llamado nunca se detuvo: lo alcanzaba despierto o dormido.
Daardie roepstem het nooit opgehou nie—dit het hom bereik, wakker of slapend.

Una noche, se despertó sobresaltado, con los ojos alerta y las orejas alerta.
Een nag het hy met 'n skrik wakker geword, oë skerp en ore hoog.
Sus fosas nasales se crisparon mientras su melena se erizaba en ondas.
Sy neusgate het gebewe terwyl sy maanhare in golwe gestaan het.
Desde lo profundo del bosque volvió a oírse el sonido, el viejo llamado.
Uit diep in die woud kom die geluid weer, die ou roep.
Esta vez el sonido sonó claro, un aullido largo, inquietante y familiar.
Hierdie keer het die geluid duidelik geklink, 'n lang, spookagtige, bekende gehuil.
Era como el grito de un husky, pero extraño y salvaje en tono.
Dit was soos 'n husky se gehuil, maar vreemd en wild van toon.
Buck reconoció el sonido al instante: había oído exactamente el mismo sonido hacía mucho tiempo.
Buck het die geluid dadelik herken—hy het die presiese geluid lank gelede gehoor.
Saltó a través del campamento y desapareció rápidamente en el bosque.
Hy het deur die kamp gespring en vinnig in die bos verdwyn.
A medida que se acercaba al sonido, disminuyó la velocidad y se movió con cuidado.
Toe hy die geluid nader, het hy stadiger beweeg en versigtig beweeg.
Pronto llegó a un claro entre espesos pinos.
Gou het hy 'n oopte tussen digte dennebome bereik.
Allí, erguido sobre sus cuartos traseros, estaba sentado un lobo de bosque alto y delgado.
Daar, regop op sy hurke, het 'n lang, maer houtwolf gesit.

La nariz del lobo apuntaba hacia el cielo, todavía haciendo eco del llamado.
Die wolf se neus het hemelwaarts gewys, steeds die roep weergalm.
Buck no había emitido ningún sonido, pero el lobo se detuvo y escuchó.
Buck het geen geluid gemaak nie, maar die wolf het stilgehou en geluister.
Sintiendo algo, el lobo se tensó y buscó en la oscuridad.
Toe die wolf iets aanvoel, het hy gespanne geraak, terwyl hy die donkerte deursoek het.
Buck apareció sigilosamente, con el cuerpo agachado y los pies quietos sobre el suelo.
Buck het in sig gekom, lyf laag, voete stil op die grond.
Su cola estaba recta y su cuerpo enroscado por la tensión.
Sy stert was reguit, sy lyf styf opgerol van spanning.
Mostró al mismo tiempo una amenaza y una especie de amistad ruda.
Hy het beide dreiging en 'n soort rowwe vriendskap getoon.
Fue el saludo cauteloso que compartían las bestias salvajes.
Dit was die versigtige groet wat deur wilde diere gedeel is.
Pero el lobo se dio la vuelta y huyó tan pronto como vio a Buck.
Maar die wolf het omgedraai en gevlug sodra hy Buck gesien het.
Buck lo persiguió, saltando salvajemente, ansioso por alcanzarlo.
Buck het agternagesit, wild gespring, gretig om dit in te haal.
Siguió al lobo hasta un arroyo seco bloqueado por un atasco de madera.
Hy het die wolf gevolg in 'n droë spruit wat deur 'n houtblokkade geblokkeer is.
Acorralado, el lobo giró y se mantuvo firme.
In 'n hoek gedraai, het die wolf omgedraai en sy man bly staan.
El lobo gruñó y mordió a su presa como un perro husky atrapado en una pelea.

Die wolf het gegrom en gekap soos 'n vasgekeerde hees hond in 'n geveg.

Los dientes del lobo chasquearon rápidamente y su cuerpo se erizó de furia salvaje.

Die wolf se tande het vinnig geklap, sy lyf het geborrel van wilde woede.

Buck no atacó, sino que rodeó al lobo con cautelosa amabilidad.

Buck het nie aangeval nie, maar het die wolf met versigtige vriendelikheid omsingel.

Intentó bloquear su escape con movimientos lentos e inofensivos.

Hy het probeer om sy ontsnapping te keer deur stadige, onskadelike bewegings.

El lobo estaba cauteloso y asustado: Buck pesaba tres veces más que él.

Die wolf was versigtig en bang—Buck het hom drie keer oortref.

La cabeza del lobo apenas llegaba hasta el enorme hombro de Buck.

Die wolf se kop het skaars tot by Buck se massiewe skouer gereik.

Al acecho de un hueco, el lobo salió disparado y la persecución comenzó de nuevo.

Terwyl hy vir 'n gaping soek, het die wolf weggehardloop en die jaagtog het weer begin.

Varias veces Buck lo acorraló y el baile se repitió.

Verskeie kere het Buck hom vasgekeer, en die dans het herhaal.

El lobo estaba delgado y débil, de lo contrario Buck no podría haberlo atrapado.

Die wolf was maer en swak, anders kon Buck hom nie gevang het nie.

Cada vez que Buck se acercaba, el lobo giraba y lo enfrentaba con miedo.

Elke keer as Buck nader gekom het, het die wolf omgedraai en hom vreesbevange in die gesig gestaar.

Luego, a la primera oportunidad, se lanzó de nuevo al bosque.
Toe, met die eerste kans, het hy weer die bos ingehardloop.
Pero Buck no se dio por vencido y finalmente el lobo comenzó a confiar en él.
Maar Buck het nie moed opgegee nie, en uiteindelik het die wolf hom begin vertrou.
Olió la nariz de Buck y los dos se pusieron juguetones y alertas.
Hy het Buck se neus gesnuif, en die twee het speels en waaksaam geword.
Jugaban como animales salvajes, feroces pero tímidos en su alegría.
Hulle het soos wilde diere gespeel, woes maar skaam in hul vreugde.
Después de un rato, el lobo se alejó trotando con calma y propósito.
Na 'n rukkie het die wolf met kalm doel weggedraf.
Le demostró claramente a Buck que tenía la intención de que lo siguieran.
Hy het duidelik vir Buck gewys dat hy van plan was om gevolg te word.
Corrieron uno al lado del otro a través de la penumbra del crepúsculo.
Hulle het langs mekaar deur die skemerdonker gehardloop.
Siguieron el lecho del arroyo hasta el desfiladero rocoso.
Hulle het die spruitbedding gevolg tot in die rotsige kloof.
Cruzaron una divisoria fría donde había comenzado el arroyo.
Hulle het 'n koue kloof oorgesteek waar die stroom begin het.
En la ladera más alejada encontraron un extenso bosque y numerosos arroyos.
Op die verste helling het hulle wye woud en baie strome gevind.
Por esta vasta tierra corrieron durante horas sin parar.
Deur hierdie uitgestrekte land het hulle ure lank sonder om te stop gehardloop.

El sol salió más alto, el aire se calentó, pero ellos siguieron corriendo.
Die son het hoër opgekom, die lug het warmer geword, maar hulle het aangegaan.
Buck estaba lleno de alegría: sabía que estaba respondiendo a su llamado.
Buck was vol vreugde—hy het geweet hy antwoord op sy roepstem.
Corrió junto a su hermano del bosque, más cerca de la fuente del llamado.
Hy het langs sy bosbroer gehardloop, nader aan die bron van die roep.
Los viejos sentimientos regresaron, poderosos y difíciles de ignorar.
Ou gevoelens het teruggekeer, kragtig en moeilik om te ignoreer.
Éstas eran las verdades detrás de los recuerdos de sus sueños.
Dit was dié waarhede agter die herinneringe uit sy drome.
Todo esto ya lo había hecho antes, en un mundo distante y sombrío.
Hy het dit alles al voorheen in 'n verre en skaduryke wêreld gedoen.
Ahora lo hizo de nuevo, corriendo salvajemente con el cielo abierto encima.
Nou het hy dit weer gedoen, wild rondgehardloop met die oop lug daarbo.
Se detuvieron en un arroyo para beber del agua fría que fluía.
Hulle het by 'n stroompie stilgehou om van die koue vloeiende water te drink.
Mientras bebía, Buck de repente recordó a John Thornton.
Terwyl hy gedrink het, het Buck skielik vir John Thornton onthou.
Se sentó en silencio, desgarrado por la atracción de la lealtad y el llamado.

Hy het in stilte gaan sit, verskeur deur die aantrekkingskrag van lojaliteit en die roeping.

El lobo siguió trotando, pero regresó para impulsar a Buck a seguir adelante.
Die wolf het aangedraf, maar het teruggekom om Buck vorentoe te spoor.

Le olisqueó la nariz y trató de convencerlo con gestos suaves.
Hy het aan sy neus gesnuif en probeer om hom met sagte gebare te lok.

Pero Buck se dio la vuelta y comenzó a regresar por donde había venido.
Maar Buck het omgedraai en teruggekeer in die pad wat hy gekom het.

El lobo corrió a su lado durante un largo rato, gimiendo silenciosamente.
Die wolf het lank langs hom gehardloop en saggies gehuil.

Luego se sentó, levantó la nariz y dejó escapar un largo aullido.
Toe gaan hy sit, lig sy neus op en laat 'n lang gehuil uit.

Fue un grito triste, que se suavizó cuando Buck se alejó.
Dit was 'n treurige gehuil, wat sagder geword het toe Buck wegstap.

Buck escuchó mientras el sonido del grito se desvanecía lentamente en el silencio del bosque.
Buck het geluister terwyl die geluid van die gehuil stadig in die woudstilte vervaag het.

John Thornton estaba cenando cuando Buck irrumpió en el campamento.
John Thornton was besig om aandete te eet toe Buck die kamp binnestorm.

Buck saltó sobre él salvajemente, lamiéndolo, mordiéndolo y haciéndolo caer.
Buck het wild op hom gespring, hom gelek, gebyt en omgekeerd.

Lo derribó, se subió encima y le besó la cara.
Hy het hom omgestamp, bo-op geklim en hom in die gesig gesoen.

Thornton lo llamó con cariño "hacer el tonto en general".
Thornton het dit met liefde "die algemene dwaas speel" genoem.
Mientras tanto, maldijo a Buck suavemente y lo sacudió de un lado a otro.
Die hele tyd het hy Buck saggies gevloek en hom heen en weer geskud.
Durante dos días y dos noches enteras, Buck no abandonó el campamento ni una sola vez.
Vir twee volle dae en nagte het Buck nooit die kamp verlaat nie.
Se mantuvo cerca de Thornton y nunca lo perdió de vista.
Hy het naby Thornton gebly en hom nooit uit sy sig gelaat nie.
Lo siguió mientras trabajaba y lo observó mientras comía.
Hy het hom gevolg terwyl hy gewerk het en hom dopgehou terwyl hy geëet het.
Acompañaba a Thornton con sus mantas por la noche y lo salía cada mañana.
Hy het Thornton snags in sy komberse en elke oggend buite gesien.
Pero pronto el llamado del bosque regresó, más fuerte que nunca.
Maar gou het die bosroep teruggekeer, harder as ooit tevore.
Buck volvió a inquietarse, agitado por los pensamientos del lobo salvaje.
Buck het weer rusteloos geword, geroer deur gedagtes aan die wilde wolf.
Recordó el terreno abierto y correr uno al lado del otro.
Hy het die oop land onthou en die langs mekaar hardloop.
Comenzó a vagar por el bosque una vez más, solo y alerta.
Hy het weer eens die woud in begin dwaal, alleen en waaksaam.
Pero el hermano salvaje no regresó y el aullido no se escuchó.
Maar die wilde broer het nie teruggekeer nie, en die gehuil is nie gehoor nie.

Buck comenzó a dormir a la intemperie, manteniéndose alejado durante días.
Buck het buite begin slaap en dae aaneen weggebly.
Una vez cruzó la alta divisoria donde había comenzado el arroyo.
Eenkeer het hy die hoë kloof oorgesteek waar die spruit begin het.
Entró en la tierra de la madera oscura y de los arroyos anchos y fluidos.
Hy het die land van donker hout en wye vloeiende strome binnegegaan.
Durante una semana vagó en busca de señales del hermano salvaje.
'n Week lank het hy rondgeswerf, op soek na tekens van die wilde broer.
Mataba su propia carne y viajaba con pasos largos e incansables.
Hy het sy eie vleis doodgemaak en met lang, onvermoeide treë gereis.
Pescaba salmón en un ancho río que llegaba al mar.
Hy het vir salm gevang in 'n wye rivier wat die see bereik het.
Allí luchó y mató a un oso negro enloquecido por los insectos.
Daar het hy 'n swart beer geveg en doodgemaak wat deur goggas gek was.
El oso estaba pescando y corrió ciegamente entre los árboles.
Die beer het visgevang en blindelings deur die bome gehardloop.
La batalla fue feroz y despertó el profundo espíritu de lucha de Buck.
Die geveg was 'n hewige een, wat Buck se diep veggees wakker gemaak het.
Dos días después, Buck regresó y encontró glotones en su presa.
Twee dae later het Buck teruggekeer om wolverines by sy prooi te vind.

Una docena de ellos se pelearon con furia y ruidosidad por la carne.
'n Dosyn van hulle het in raserige woede oor die vleis gestry.
Buck cargó y los dispersó como hojas en el viento.
Buck het aangeval en hulle soos blare in die wind verstrooi.
Dos lobos permanecieron atrás, silenciosos, sin vida e inmóviles para siempre.
Twee wolwe het agtergebly—stil, leweloos en roerloos vir ewig.
La sed de sangre se hizo más fuerte que nunca.
Die dors na bloed het sterker geword as ooit tevore.
Buck era un cazador, un asesino, que se alimentaba de criaturas vivas.
Buck was 'n jagter, 'n moordenaar, wat van lewende wesens gevoed het.
Sobrevivió solo, confiando en su fuerza y sus sentidos agudos.
Hy het alleen oorleef, staatmakende op sy krag en skerp sintuie.
Prosperó en la naturaleza, donde sólo los más resistentes podían vivir.
Hy het in die natuur gefloreer, waar net die taaistes kon leef.
A partir de esto, un gran orgullo surgió y llenó todo el ser de Buck.
Hieruit het 'n groot trots opgestaan en Buck se hele wese gevul.
Su orgullo se reflejaba en cada uno de sus pasos, en el movimiento de cada músculo.
Sy trots het in elke tree geblyk, in die rimpeling van elke spier.
Su orgullo era tan claro como sus palabras, y se reflejaba en su manera de comportarse.
Sy trots was so duidelik soos spraak, gesien in hoe hy homself gedra het.
Incluso su grueso pelaje parecía más majestuoso y brillaba más.
Selfs sy dik jas het meer majestueus gelyk en helderder geglans.

Buck podría haber sido confundido con un lobo gigante.
Buck kon vir 'n reuse-houtwolf aangesien gewees het.
A excepción del color marrón en el hocico y las manchas sobre los ojos.
Behalwe vir bruin op sy snoet en kolle bo sy oë.
Y la raya blanca de pelo que corría por el centro de su pecho.
En die wit streep pels wat teen die middel van sy bors af geloop het.
Era incluso más grande que el lobo más grande de esa feroz raza.
Hy was selfs groter as die grootste wolf van daardie wrede ras.
Su padre, un San Bernardo, le dio tamaño y complexión robusta.
Sy pa, 'n Sint Bernardus, het hom grootte en swaar lyf gegee.
Su madre, una pastora, moldeó esa masa hasta darle forma de lobo.
Sy moeder, 'n skaapwagter, het daardie liggaam in 'n wolfagtige vorm gevorm.
Tenía el hocico largo de un lobo, aunque más pesado y ancho.
Hy het die lang snoet van 'n wolf gehad, alhoewel swaarder en breër.
Su cabeza era la de un lobo, pero construida en una escala enorme y majestuosa.
Sy kop was dié van 'n wolf, maar gebou op 'n massiewe, majestueuse skaal.
La astucia de Buck era la astucia del lobo y de la naturaleza.
Buck se listigheid was die listigheid van die wolf en van die wildernis.
Su inteligencia provenía tanto del pastor alemán como del san bernardo.
Sy intelligensie het van beide die Duitse Herdershond en die Sint Bernardus gekom.
Todo esto, más la dura experiencia, lo convirtieron en una criatura temible.

Dit alles, plus harde ervaring, het hom 'n vreesaanjaende wese gemaak.
Era tan formidable como cualquier bestia que vagaba por las tierras salvajes del norte.
Hy was so gedug soos enige dier wat in die noordelike wildernis rondgeswerf het.
Viviendo sólo de carne, Buck alcanzó el máximo nivel de su fuerza.
Buck het slegs van vleis geleef en die volle hoogtepunt van sy krag bereik.
Rebosaba poder y fuerza masculina en cada fibra de él.
Hy het oorgeloop van krag en manlike krag in elke vesel van hom.
Cuando Thornton le acarició la espalda, sus pelos brillaron con energía.
Toe Thornton oor sy rug streel, het die hare van energie geskitter.
Cada cabello crujió, cargado con el toque de un magnetismo vivo.
Elke haar het gekraak, gelaai met die aanraking van lewende magnetisme.
Su cuerpo y su cerebro estaban afinados al máximo nivel posible.
Sy liggaam en brein was ingestel op die fynste moontlike toonhoogte.
Cada nervio, fibra y músculo trabajaba en perfecta armonía.
Elke senuwee, vesel en spier het in perfekte harmonie gewerk.
Ante cualquier sonido o visión que requiriera acción, él respondía instantáneamente.
Op enige geluid of gesig wat aksie vereis het, het hy onmiddellik gereageer.
Si un husky saltaba para atacar, Buck podía saltar el doble de rápido.
As 'n husky sou spring om aan te val, kon Buck twee keer so vinnig spring.
Reaccionó más rápido de lo que los demás pudieron verlo o escuchar.

Hy het vinniger gereageer as wat ander selfs kon sien of hoor.
La percepción, la decisión y la acción se produjeron en un momento fluido.
Persepsie, besluit en aksie het alles in een vloeiende oomblik gekom.
En realidad, estos actos fueron separados, pero demasiado rápidos para notarlos.
In werklikheid was hierdie dade afsonderlik, maar te vinnig om op te merk.
Los intervalos entre estos actos fueron tan breves que parecían uno solo.
Die gapings tussen hierdie dade was so kort dat hulle soos een gelyk het.
Sus músculos y su ser eran como resortes fuertemente enrollados.
Sy spiere en wese was soos styf opgerolde vere.
Su cuerpo rebosaba de vida, salvaje y alegre en su poder.
Sy liggaam het gegons van lewe, wild en vreugdevol in sy krag.
A veces sentía como si la fuerza fuera a estallar fuera de él por completo.
Soms het hy gevoel asof die krag heeltemal uit hom gaan bars.
"Nunca vi un perro así", dijo Thornton un día tranquilo.
"Nog nooit was daar so 'n hond nie," het Thornton een stil dag gesê.
Los socios observaron a Buck alejarse orgullosamente del campamento.
Die vennote het gekyk hoe Buck trots uit die kamp stap.
"Cuando lo crearon, cambió lo que un perro puede ser", dijo Pete.
"Toe hy gemaak is, het hy verander wat 'n hond kan wees," het Pete gesê.
—¡Por Dios! Yo también lo creo —respondió Hans rápidamente.
"By Jesus! Ek dink self so," het Hans vinnig ingestem.
Lo vieron marcharse, pero no el cambio que vino después.

Hulle het hom sien wegmarsjeer, maar nie die verandering wat daarna gekom het nie.

Tan pronto como entró en el bosque, Buck se transformó por completo.

Sodra hy die bos binnegegaan het, het Buck heeltemal verander.

Ya no marchaba, sino que se movía como un fantasma salvaje entre los árboles.

Hy het nie meer gemarsjeer nie, maar het soos 'n wilde spook tussen bome beweeg.

Se quedó en silencio, con pasos de gato, un destello que pasaba entre las sombras.

Hy het stil geword, katvoetig, 'n flikkering wat deur skaduwees beweeg.

Utilizó la cubierta con habilidad, arrastrándose sobre su vientre como una serpiente.

Hy het dekking met vaardigheid gebruik en soos 'n slang op sy maag gekruip.

Y como una serpiente, podía saltar hacia adelante y atacar en silencio.

En soos 'n slang kon hy vorentoe spring en in stilte toeslaan.

Podría robar una perdiz nival directamente de su nido escondido.

Hy kon 'n sneeuwpop reguit uit sy verborge nes steel.

Mató conejos dormidos sin hacer un solo sonido.

Hy het slapende konyne sonder 'n enkele geluid doodgemaak.

Podía atrapar ardillas en el aire cuando huían demasiado lentamente.

Hy kon die eekhorings mid-lug vang aangesien hulle te stadig gevlug het.

Ni siquiera los peces en los estanques podían escapar de sus ataques repentinos.

Selfs visse in poele kon nie sy skielike aanvalle ontsnap nie.

Ni siquiera los castores más inteligentes que arreglaban presas estaban a salvo de él.

Nie eens slim bewers wat damme regmaak, was veilig vir hom nie.

Él mataba por comida, no por diversión, pero prefería matar a sus propias víctimas.
Hy het vir kos doodgemaak, nie vir die pret nie—maar hy het die meeste van sy eie moorde gehou.

Aun así, un humor astuto impregnaba algunas de sus cacerías silenciosas.
Tog het 'n slinkse humor deur sommige van sy stil jagtogte geloop.

Se acercó sigilosamente a las ardillas, pero las dejó escapar.
Hy het naby eekhorings gekruip, net om hulle te laat ontsnap.

Iban a huir hacia los árboles, parloteando con terrible indignación.
Hulle was op pad na die bome te vlug, terwyl hulle van vreeslike verontwaardiging gebabbel het.

A medida que llegaba el otoño, los alces comenzaron a aparecer en mayor número.
Soos die herfs aangebreek het, het elande in groter getalle begin verskyn.

Avanzaron lentamente hacia los valles bajos para encontrarse con el invierno.
Hulle het stadig die lae valleie ingetrek om die winter tegemoet te gaan.

Buck ya había derribado a un ternero joven y perdido.
Buck het reeds een jong, verdwaalde kalfie laat val.

Pero anhelaba enfrentarse a presas más grandes y peligrosas.
Maar hy het verlang om groter, gevaarliker prooi te trotseer.

Un día, en la divisoria, a la altura del nacimiento del arroyo, encontró su oportunidad.
Eendag op die kloof, by die bopunt van die spruit, het hy sy kans gevind.

Una manada de veinte alces había cruzado desde tierras boscosas.
'n Trop van twintig elande het van beboste lande oorgesteek.

Entre ellos había un poderoso toro; el líder del grupo.
Onder hulle was 'n magtige bul; die leier van die groep.

El toro medía más de seis pies de alto y parecía feroz y salvaje.

Die bul het meer as ses voet hoog gestaan en het fel en wild gelyk.
Lanzó sus anchas astas, con catorce puntas ramificándose hacia afuera.
Hy het sy wye gewei slinger, veertien punte wat na buite vertak.
Las puntas de esas astas se extendían siete pies de ancho.
Die punte van daardie gewei het sewe voet breed gestrek.
Sus pequeños ojos ardieron de rabia cuando vio a Buck cerca.
Sy klein ogies het van woede gebrand toe hy Buck naby gewaar het.
Soltó un rugido furioso, temblando de furia y dolor.
Hy het 'n woedende gebrul uitgestoot, bewerig van woede en pyn.
Una punta de flecha sobresalía cerca de su flanco, emplumada y afilada.
'n Pylpunt het naby sy flank uitgesteek, geveerd en skerp.
Esta herida ayudó a explicar su humor salvaje y amargado.
Hierdie wond het gehelp om sy wrede, bittere bui te verklaar.
Buck, guiado por su antiguo instinto de caza, hizo su movimiento.
Buck, gelei deur antieke jaginstink, het sy skuif gemaak.
Su objetivo era separar al toro del resto de la manada.
Hy het ten doel gehad om die bul van die res van die kudde te skei.
No fue una tarea fácil: requirió velocidad y una astucia feroz.
Dit was geen maklike taak nie—dit het spoed en vurige sluheid geverg.
Ladró y bailó cerca del toro, fuera de su alcance.
Hy het geblaf en gedans naby die bul, net buite bereik.
El alce atacó con enormes pezuñas y astas mortales.
Die eland het met groot hoewe en dodelike gewei geskiet.
Un golpe podría haber acabado con la vida de Buck en un instante.
Een hou kon Buck se lewe in 'n oogwink beëindig het.
Incapaz de dejar atrás la amenaza, el toro se volvió loco.

Omdat hy die bedreiging nie kon agterlaat nie, het die bul woedend geword.

Él cargó con furia, pero Buck siempre se le escapaba.

Hy het woedend aangeval, maar Buck het altyd weggeglip.

Buck fingió debilidad, lo que lo alejó aún más de la manada.

Buck het swakheid geveins en hom verder van die trop af gelok.

Pero los toros jóvenes estaban a punto de atacar para proteger al líder.

Maar jong bulle sou terugstorm om die leier te beskerm.

Obligaron a Buck a retirarse y al toro a reincorporarse al grupo.

Hulle het Buck gedwing om terug te trek en die bul om weer by die groep aan te sluit.

Hay una paciencia en lo salvaje, profunda e imparable.

Daar is 'n geduld in die wildernis, diep en onstuitbaar.

Una araña espera inmóvil en su red durante incontables horas.

'n Spinnekop wag vir tallose ure bewegingloos in sy web.

Una serpiente se enrosca sin moverse y espera hasta que llega el momento.

'n Slang kronkel sonder om te ruk, en wag totdat dit tyd is.

Una pantera acecha hasta que llega el momento.

'n Panter lê in 'n hinderlaag, totdat die oomblik aanbreek.

Ésta es la paciencia de los depredadores que cazan para sobrevivir.

Dit is die geduld van roofdiere wat jag om te oorleef.

Esa misma paciencia ardía dentro de Buck mientras se quedaba cerca.

Dieselfde geduld het binne Buck gebrand terwyl hy naby gebly het.

Se quedó cerca de la manada, frenando su marcha y sembrando el miedo.

Hy het naby die trop gebly, hul mars vertraag en vrees gesaai.

Provocaba a los toros jóvenes y acosaba a las vacas madres.

Hy het die jong bulle geterg en die moederkoeie geteister.

Empujó al toro herido hacia una rabia más profunda e impotente.
Hy het die gewonde bul in 'n dieper, hulpelose woede gedryf.
Durante medio día, la lucha se prolongó sin descanso alguno.
Vir 'n halwe dag het die geveg sonder enige rus aangehou.
Buck atacó desde todos los ángulos, rápido y feroz como el viento.
Buck het van elke hoek af aangeval, vinnig en fel soos wind.
Impidió que el toro descansara o se escondiera con su manada.
Hy het gekeer dat die bul saam met sy trop rus of wegkruip.
Buck desgastó la voluntad del alce más rápido que su cuerpo.
Bok het die eland se wilskrag vinniger as sy lyf uitgeput.
El día transcurrió y el sol se hundió en el cielo del noroeste.
Die dag het verbygegaan en die son het laag in die noordwestelike lug gesak.
Los toros jóvenes regresaron más lentamente para ayudar a su líder.
Die jong bulle het stadiger teruggekeer om hul leier te help.
Las noches de otoño habían regresado y la oscuridad ahora duraba seis horas.
Herfsnagte het teruggekeer, en die donkerte het nou ses uur geduur.
El invierno los estaba empujando cuesta abajo hacia valles más seguros y cálidos.
Die winter het hulle afdraand na veiliger, warmer valleie gedruk.
Pero aún así no pudieron escapar del cazador que los retenía.
Maar steeds kon hulle nie ontsnap aan die jagter wat hulle teruggehou het nie.
Sólo una vida estaba en juego: no la de la manada, sino la de su líder.
Slegs een lewe was op die spel—nie die kudde s'n nie, net hul leier s'n.

Eso hizo que la amenaza fuera distante y no su preocupación urgente.
Dit het die bedreiging ver verwyderd gemaak en nie hul dringende bekommernis nie.
Con el tiempo, aceptaron ese coste y dejaron que Buck se llevara al viejo toro.
Mettertyd het hulle hierdie koste aanvaar en Buck die ou bul laat neem.
Al caer la tarde, el viejo toro permanecía con la cabeza gacha.
Toe die skemer inval, het die ou bul met sy kop na onder gestaan.
Observó cómo la manada que había guiado se desvanecía en la luz que se desvanecía.
Hy het gekyk hoe die kudde wat hy gelei het, in die dowwe lig verdwyn.
Había vacas que había conocido, terneros que una vez había engendrado.
Daar was koeie wat hy geken het, kalwers wat hy eens op 'n tyd die vader van was.
Había toros más jóvenes con los que había luchado y gobernado en temporadas pasadas.
Daar was jonger bulle teen wie hy in vorige seisoene geveg en regeer het.
No pudo seguirlos, pues frente a él estaba agazapado nuevamente Buck.
Hy kon hulle nie volg nie – want voor hom het Buck weer gehurk.
El terror despiadado con colmillos bloqueó cualquier camino que pudiera tomar.
Die genadelose, slagtande vrees het elke pad wat hy kon neem, versper.
El toro pesaba más de trescientos kilos de densa potencia.
Die bul het meer as drie honderd gewig digte krag geweeg.
Había vivido mucho tiempo y luchado con ahínco en un mundo de luchas.
Hy het lank geleef en hard geveg in 'n wêreld van stryd.

Pero ahora, al final, la muerte vino de una bestia muy inferior a él.
Tog, nou, aan die einde, het die dood gekom van 'n dier ver onder hom.

La cabeza de Buck ni siquiera llegó a alcanzar las enormes rodillas del toro.
Buck se kop het nie eers tot by die bul se enorme, gekneukelde knieë gekom nie.

A partir de ese momento, Buck permaneció con el toro noche y día.
Van daardie oomblik af het Buck dag en nag by die bul gebly.

Nunca le dio descanso, nunca le permitió pastar ni beber.
Hy het hom nooit rus gegee nie, hom nooit toegelaat om te wei of te drink nie.

El toro intentó comer brotes tiernos de abedul y hojas de sauce.
Die bul het probeer om jong berkspruite en wilgerblare te eet.

Pero Buck lo ahuyentó, siempre alerta y siempre atacando.
Maar Buck het hom weggedryf, altyd waaksaam en altyd aanvallend.

Incluso ante arroyos que goteaban, Buck bloqueó cada intento de sed.
Selfs by kabbelende strome het Buck elke dorstige poging geblokkeer.

A veces, desesperado, el toro huía a toda velocidad.
Soms, uit desperaatheid, het die bul teen volle spoed gevlug.

Buck lo dejó correr, trotando tranquilamente detrás, nunca muy lejos.
Buck het hom laat hardloop, kalm net agter hom aan gedraf, nooit ver weg nie.

Cuando el alce se detuvo, Buck se acostó, pero se mantuvo listo.
Toe die eland stilstaan, het Buck gaan lê, maar gereed gebly.

Si el toro intentaba comer o beber, Buck atacaba con toda furia.
As die bul probeer eet of drink, het Buck met volle woede toegeslaan.

La gran cabeza del toro se hundió aún más bajo sus enormes astas.
Die bul se groot kop het laer onder sy ontsaglike gewei gehang.
Su paso se hizo más lento, el trote se hizo pesado, un paso tambaleante.
Sy pas het stadiger geword, die draf het swaar geword; 'n struikelende stap.
A menudo se quedaba quieto con las orejas caídas y la nariz pegada al suelo.
Hy het dikwels stilgestaan met hangende ore en neus teen die grond.
Durante esos momentos, Buck se tomó tiempo para beber y descansar.
Gedurende daardie oomblikke het Buck tyd geneem om te drink en te rus.
Con la lengua afuera y los ojos fijos, Buck sintió que la tierra estaba cambiando.
Met sy tong uit, sy oë stip, het Buck aangevoel dat die land besig was om te verander.
Sintió algo nuevo moviéndose a través del bosque y el cielo.
Hy het iets nuuts deur die woud en die lug gevoel beweeg.
A medida que los alces regresaban, también lo hacían otras criaturas salvajes.
Soos die elande teruggekeer het, het ander diere van die wilde diere ook gedoen.
La tierra se sentía viva, con presencia, invisible pero fuertemente conocida.
Die land het lewendig met teenwoordigheid gevoel, ongesiens maar sterk bekend.
No fue por el sonido, ni por la vista, ni por el olfato que Buck supo esto.
Dit was nie deur klank, sig of reuk dat Buck dit geweet het nie.
Un sentimiento más profundo le decía que nuevas fuerzas estaban en movimiento.
'n Dieper gevoel het hom gesê dat nuwe kragte aan die beweeg was.

Una vida extraña se agitaba en los bosques y a lo largo de los arroyos.
Vreemde lewe het deur die woude en langs die strome geroer.
Decidió explorar este espíritu, después de que la caza se completara.
Hy het besluit om hierdie gees te verken nadat die jag voltooi was.
Al cuarto día, Buck finalmente logró derribar al alce.
Op die vierde dag het Buck uiteindelik die eland neergehaal.
Se quedó junto a la presa durante un día y una noche enteros, alimentándose y descansando.
Hy het 'n volle dag en nag by die prooi gebly, geëet en gerus.
Comió, luego durmió, luego volvió a comer, hasta que estuvo fuerte y lleno.
Hy het geëet, toe geslaap, toe weer geëet, totdat hy sterk en versadig was.
Cuando estuvo listo, regresó hacia el campamento y Thornton.
Toe hy gereed was, het hy teruggedraai na die kamp en Thornton.
Con ritmo constante, inició el largo viaje de regreso a casa.
Met 'n bestendige pas het hy die lang terugreis huis toe begin.
Corría con su incansable galope, hora tras hora, sin desviarse jamás.
Hy het uur na uur onvermoeid gehardloop, sonder om ooit te dwaal.
A través de tierras desconocidas, se movió recto como la aguja de una brújula.
Deur onbekende lande het hy so reguit soos 'n kompasnaald beweeg.
Su sentido de la orientación hacía que el hombre y el mapa parecieran débiles en comparación.
Sy rigtingsin het mens en kaart in vergelyking swak laat lyk.
A medida que Buck corría, sentía con más fuerza la agitación en la tierra salvaje.
Terwyl Buck gehardloop het, het hy die beroering in die wildernis sterker gevoel.

Era un nuevo tipo de vida, diferente a la de los tranquilos meses de verano.
Dit was 'n nuwe soort lewe, anders as dié van die kalm somermaande.
Este sentimiento ya no llegaba como un mensaje sutil o distante.
Hierdie gevoel het nie meer as 'n subtiele of verre boodskap gekom nie.
Ahora los pájaros hablaban de esta vida y las ardillas parloteaban sobre ella.
Nou het die voëls van hierdie lewe gepraat, en eekhorings het daaroor gekwetter.
Incluso la brisa susurraba advertencias a través de los árboles silenciosos.
Selfs die briesie fluister waarskuwings deur die stil bome.
Varias veces se detuvo y olió el aire fresco de la mañana.
Verskeie kere het hy stilgehou en die vars oggendlug gesnuif.
Allí leyó un mensaje que le hizo avanzar más rápido.
Hy het daar 'n boodskap gelees wat hom vinniger vorentoe laat spring het.
Una fuerte sensación de peligro lo llenó, como si algo hubiera salido mal.
'n Swaar gevoel van gevaar het hom gevul, asof iets verkeerd geloop het.
Temía que se avecinara una calamidad, o que ya hubiera ocurrido.
Hy het gevrees dat rampspoed sou kom—of reeds gekom het.
Cruzó la última cresta y entró en el valle de abajo.
Hy het die laaste rant oorgesteek en die vallei onder binnegegaan.
Se movió más lentamente, alerta y cauteloso con cada paso.
Hy het stadiger, waaksaam en versigtiger met elke tree beweeg.
A tres millas de distancia encontró un nuevo rastro que lo hizo ponerse rígido.
Drie myl verder het hy 'n vars spoor gevind wat hom laat styf word het.

El cabello de su cuello se onduló y se erizó en señal de alarma.
Die hare langs sy nek het geriffel en geborsel van ontsteltenis.
El sendero conducía directamente al campamento donde Thornton esperaba.
Die paadjie het reguit na die kamp gelei waar Thornton gewag het.
Buck se movió más rápido ahora, su paso era silencioso y rápido.
Buck beweeg nou vinniger, sy treë beide stil en vinnig.
Sus nervios se tensaron al leer señales que otros no verían.
Sy senuwees het saamgetrek toe hy tekens lees wat ander gaan mis.
Cada detalle del recorrido contaba una historia, excepto la pieza final.
Elke detail in die roete het 'n storie vertel—behalwe die laaste stuk.
Su nariz le contaba sobre la vida que había transcurrido por allí.
Sy neus het hom vertel van die lewe wat so verbygegaan het.
El olor le dio una imagen cambiante mientras lo seguía de cerca.
Die reuk het hom 'n veranderende prentjie gegee terwyl hy kort agter hom gevolg het.
Pero el bosque mismo había quedado en silencio; anormalmente quieto.
Maar die woud self het stil geword; onnatuurlik stil.
Los pájaros habían desaparecido, las ardillas estaban escondidas, silenciosas y quietas.
Voëls het verdwyn, eekhorings was weggesteek, stil en stil.
Sólo vio una ardilla gris, tumbada sobre un árbol muerto.
Hy het net een grys eekhoring gesien, plat op 'n dooie boom.
La ardilla se mimetizó, rígida e inmóvil como una parte del bosque.
Die eekhoring het ingemeng, styf en bewegingloos soos 'n deel van die woud.

Buck se movía como una sombra, silencioso y seguro entre los árboles.
Buck het soos 'n skaduwee beweeg, stil en seker deur die bome.
Su nariz se movió hacia un lado como si una mano invisible la tirara.
Sy neus het sywaarts geruk asof dit deur 'n onsigbare hand getrek is.
Se giró y siguió el nuevo olor hasta lo profundo de un matorral.
Hy het omgedraai en die nuwe reuk diep in 'n ruigte gevolg.
Allí encontró a Nig, que yacía muerto, atravesado por una flecha.
Daar het hy Nig gevind, dood lêend, deurboor deur 'n pyl.
La flecha atravesó su cuerpo y aún se le veían las plumas.
Die skag het deur sy lyf gegaan, vere steeds sigbaar.
Nig se arrastró hasta allí, pero murió antes de llegar para recibir ayuda.
Nig het homself daarheen gesleep, maar is dood voordat hy hulp kon kry.
Cien metros más adelante, Buck encontró otro perro de trineo.
'n Honderd meter verder het Buck nog 'n sleehond gevind.
Era un perro que Thornton había comprado en Dawson City.
Dit was 'n hond wat Thornton in Dawson City gekoop het.
El perro se encontraba en una lucha a muerte, agitándose con fuerza en el camino.
Die hond was in 'n doodstryd, hard aan die haal op die paadjie.
Buck pasó a su alrededor, sin detenerse, con los ojos fijos hacia adelante.
Buck het om hom verbygegaan, sonder om te stop, sy oë voor hom gevestig.
Desde la dirección del campamento llegaba un canto distante y rítmico.
Uit die rigting van die kamp het 'n verafgeleë, ritmiese gesang gekom.

Las voces subían y bajaban en un tono extraño, inquietante y cantarín.
Stemme het opgestaan en geval in 'n vreemde, grillerige, singende toon.
Buck se arrastró hacia el borde del claro en silencio.
Buck het in stilte vorentoe na die rand van die oopte gekruip.
Allí vio a Hans tendido boca abajo, atravesado por muchas flechas.
Daar het hy Hans sien lê met sy gesig na onder, deurboor met baie pyle.
Su cuerpo parecía el de un puercoespín, erizado de plumas.
Sy liggaam het gelyk soos 'n ystervark, besaai met geveerde skagte.
En ese mismo momento, Buck miró hacia la cabaña en ruinas.
Op dieselfde oomblik het Buck na die verwoeste lodge gekyk.
La visión hizo que se le erizara el pelo de la nuca y de los hombros.
Die gesig het die hare op sy nek en skouers styf laat rys.
Una tormenta de furia salvaje recorrió todo el cuerpo de Buck.
'n Storm van wilde woede het deur Buck se hele liggaam gespoel.
Gruñó en voz alta, aunque no sabía que lo había hecho.
Hy het hardop gegrom, hoewel hy nie geweet het dat hy dit wel gedoen het nie.
El sonido era crudo, lleno de furia aterradora y salvaje.
Die geluid was rou, gevul met skrikwekkende, wrede woede.
Por última vez en su vida, Buck perdió la razón ante la emoción.
Vir die laaste keer in sy lewe het Buck rede verloor teenoor emosie.
Fue el amor por John Thornton lo que rompió su cuidadoso control.
Dit was liefde vir John Thornton wat sy noukeurige beheer verbreek het.

Los Yeehats estaban bailando alrededor de la cabaña de abetos en ruinas.
Die Yeehats het rondom die verwoeste sparrehuisie gedans.
Entonces se escuchó un rugido y una bestia desconocida cargó hacia ellos.
Toe kom daar 'n gebrul—en 'n onbekende dier storm op hulle af.
Era Buck; una furia en movimiento; una tormenta viviente de venganza.
Dit was Buck; 'n woede in beweging; 'n lewende storm van wraak.
Se arrojó en medio de ellos, loco por la necesidad de matar.
Hy het homself in hulle midde gewerp, waansinnig van die begeerte om dood te maak.
Saltó hacia el primer hombre, el jefe Yeehat, y acertó.
Hy het op die eerste man, die Yeehat-hoof, gespring en waar getref.
Su garganta fue desgarrada y la sangre brotó a chorros.
Sy keel was oopgeskeur, en bloed het in 'n stroom gespuit.
Buck no se detuvo, sino que desgarró la garganta del siguiente hombre de un salto.
Buck het nie gestop nie, maar het die volgende man se keel met een sprong geskeur.
Era imparable: desgarraba, cortaba y nunca se detenía a descansar.
Hy was onstuitbaar—geskeur, gekap, nooit stilgehou om te rus nie.
Se lanzó y saltó tan rápido que sus flechas no pudieron tocarlo.
Hy het so vinnig geskiet en gespring dat hulle pyle hom nie kon raak nie.
Los Yeehats estaban atrapados en su propio pánico y confusión.
Die Yeehats was vasgevang in hul eie paniek en verwarring.
Sus flechas no alcanzaron a Buck y se alcanzaron entre sí.
Hul pyle het Buck gemis en mekaar eerder getref.
Un joven le lanzó una lanza a Buck y golpeó a otro hombre.

Een jongman het 'n spies na Buck gegooi en 'n ander man getref.
La lanza le atravesó el pecho y la punta le atravesó la espalda.
Die spies het deur sy bors gesteek, die punt het sy rug uitgeslaan.
El terror se apoderó de los Yeehats y se retiraron por completo.
Skrik het oor die Yeehats gevee, en hulle het ten volle teruggeval.
Gritaron al Espíritu Maligno y huyeron hacia las sombras del bosque.
Hulle het van die Bose Gees geskree en in die skaduwees van die woud gevlug.
En verdad, Buck era como un demonio mientras perseguía a los Yeehats.
Waarlik, Buck was soos 'n demoon terwyl hy die Yeehats agterna gesit het.
Él los persiguió a través del bosque, derribándolos como si fueran ciervos.
Hy het agter hulle aangeruk deur die bos en hulle soos takbokke neergehaal.
Se convirtió en un día de destino y terror para los asustados Yeehats.
Dit het 'n dag van noodlot en vrees geword vir die verskrikte Yeehats.
Se dispersaron por toda la tierra, huyendo lejos en todas direcciones.
Hulle het oor die land versprei en in alle rigtings gevlug.
Pasó una semana entera antes de que los últimos supervivientes se reunieran en un valle.
'n Volle week het verbygegaan voordat die laaste oorlewendes mekaar in 'n vallei ontmoet het.
Sólo entonces contaron sus pérdidas y hablaron de lo sucedido.
Eers toe het hulle hul verliese getel en gepraat oor wat gebeur het.

Buck, después de cansarse de la persecución, regresó al campamento en ruinas.
Nadat Buck moeg geword het van die jaagtog, het hy na die verwoeste kamp teruggekeer.

Encontró a Pete, todavía en sus mantas, muerto en el primer ataque.
Hy het Pete, steeds in sy komberse, in die eerste aanval dood gevind.

Las señales de la última lucha de Thornton estaban marcadas en la tierra cercana.
Tekens van Thornton se laaste stryd was in die grond naby.

Buck siguió cada rastro, olfateando cada marca hasta un punto final.
Buck het elke spoor gevolg en aan elke merk tot by 'n finale punt geruik.

En el borde de un estanque profundo, encontró al fiel Skeet, tumbado inmóvil.
Aan die rand van 'n diep poel het hy die getroue Skeet gevind, stil lêend.

La cabeza y las patas delanteras de Skeet estaban en el agua, inmóviles por la muerte.
Skeet se kop en voorpote was in die water, roerloos in die dood.

La piscina estaba fangosa y contaminada por el agua que salía de las compuertas.
Die swembad was modderig en besmet met afloop van die sluiskaste.

Su superficie nublada ocultaba lo que había debajo, pero Buck sabía la verdad.
Sy bewolkte oppervlak het verberg wat onder lê, maar Buck het die waarheid geken.

Siguió el rastro del olor de Thornton hasta la piscina, pero el olor no lo condujo a ningún otro lugar.
Hy het Thornton se reuk in die poel opgespoor—maar die reuk het nêrens anders gelei nie.

No había ningún olor que indicara que salía, solo el silencio de las aguas profundas.

Daar was geen geur wat uitlei nie—net die stilte van diep water.

Buck permaneció todo el día cerca de la piscina, paseando de un lado a otro del campamento con tristeza.

Die hele dag het Buck naby die poel gebly en bedroef deur die kamp geloop.

Vagaba inquieto o permanecía sentado en silencio, perdido en pesados pensamientos.

Hy het rusteloos rondgedwaal of stil gesit, verlore in swaar gedagtes.

Él conocía la muerte; el fin de la vida; la desaparición de todo movimiento.

Hy het die dood geken; die einde van die lewe; die verdwyning van alle beweging.

Comprendió que John Thornton se había ido y que nunca regresaría.

Hy het verstaan dat John Thornton weg was, om nooit terug te keer nie.

La pérdida dejó en él un vacío que palpitaba como el hambre.

Die verlies het 'n leë ruimte in hom gelaat wat soos honger geklop het.

Pero ésta era un hambre que la comida no podía calmar, por mucho que comiera.

Maar hierdie was 'n honger wat kos nie kon stil nie, maak nie saak hoeveel hy geëet het nie.

A veces, mientras miraba a los Yeehats muertos, el dolor se desvanecía.

Soms, terwyl hy na die dooie Yeehats gekyk het, het die pyn vervaag.

Y entonces un orgullo extraño surgió dentro de él, feroz y completo.

En toe het 'n vreemde trots binne hom opgestaan, fel en volkome.

Había matado al hombre, la presa más alta y peligrosa de todas.

Hy het die mens doodgemaak, die hoogste en gevaarlikste spel van almal.
Había matado desafiando la antigua ley del garrote y el colmillo.
Hy het doodgemaak in stryd met die antieke wet van knuppel en slagtand.
Buck olió sus cuerpos sin vida, curioso y pensativo.
Buck het aan hulle lewelose liggame geruik, nuuskierig en bedagsaam.
Habían muerto con tanta facilidad, mucho más fácil que un husky en una pelea.
Hulle het so maklik gesterf—baie makliker as 'n husky in 'n geveg.
Sin sus armas, no tenían verdadera fuerza ni representaban una amenaza.
Sonder hul wapens het hulle geen ware krag of bedreiging gehad nie.
Buck nunca volvería a temerles, a menos que estuvieran armados.
Buck sou hulle nooit weer vrees nie, tensy hulle gewapen was.
Sólo tenía cuidado cuando llevaban garrotes, lanzas o flechas.
Slegs wanneer hulle knuppels, spiese of pyle gedra het, sou hy versigtig wees.

Cayó la noche y la luna llena se elevó por encima de las copas de los árboles.
Die nag het geval, en 'n volmaan het hoog bo die toppe van die bome uitgestyg.
La pálida luz de la luna bañaba la tierra con un resplandor suave y fantasmal, como el del día.
Die maan se vae lig het die land in 'n sagte, spookagtige gloed soos dag gebad.
A medida que la noche avanzaba, Buck seguía de luto junto al estanque silencioso.
Terwyl die nag verdiep het, het Buck steeds langs die stil poel getreur.

Entonces se dio cuenta de que había un movimiento diferente en el bosque.
Toe word hy bewus van 'n ander roering in die woud.
El movimiento no provenía de los Yeehats, sino de algo más antiguo y más profundo.
Die roering was nie van die Yeehats nie, maar van iets ouer en dieper.
Se puso de pie, con las orejas levantadas y la nariz palpando la brisa con cuidado.
Hy het opgestaan, ore opgelig, sy neus het die briesie versigtig getoets.
Desde lejos llegó un grito débil y agudo que rompió el silencio.
Van ver af kom 'n dowwe, skerp gegil wat die stilte deurboor.
Luego, un coro de gritos similares siguió de cerca al primero.
Toe het 'n koor van soortgelyke uitroepe kort agter die eerste gevolg.
El sonido se acercaba cada vez más y se hacía más fuerte a cada momento que pasaba.
Die geluid het nader gekom, harder met elke oomblik wat verbygaan.
Buck conocía ese grito: venía de ese otro mundo en su memoria.
Buck het hierdie uitroep geken — dit het uit daardie ander wêreld in sy geheue gekom.
Caminó hasta el centro del espacio abierto y escuchó atentamente.
Hy het na die middel van die oop ruimte gestap en aandagtig geluister.
El llamado resonó, múltiple y más poderoso que nunca.
Die oproep het weerklink, veelgehoord en kragtiger as ooit tevore.
Y ahora, más que nunca, Buck estaba listo para responder a su llamado.
En nou, meer as ooit tevore, was Buck gereed om sy roeping te beantwoord.

John Thornton había muerto y ya no tenía ningún vínculo con el hombre.
John Thornton was dood, en geen band met die mens het in hom oorgebly nie.
El hombre y todos sus derechos humanos habían desaparecido: él era libre por fin.
Die mens en alle menslike eise was weg—hy was uiteindelik vry.
La manada de lobos estaba persiguiendo carne como lo hicieron alguna vez los Yeehats.
Die wolftrop het vleis gejaag soos die Yeehats eens op 'n tyd gedoen het.
Habían seguido a los alces desde las tierras boscosas.
Hulle het elande van die beboste lande af gevolg.
Ahora, salvajes y hambrientos de presa, cruzaron hacia su valle.
Nou, wild en honger na prooi, het hulle sy vallei oorgesteek.
Llegaron al claro iluminado por la luna, fluyendo como agua plateada.
In die maanverligte oopte het hulle gekom, vloeiend soos silwer water.
Buck permaneció quieto en el centro, inmóvil y esperándolos.
Buck het bewegingloos in die middel gestaan en vir hulle gewag.
Su tranquila y gran presencia dejó a la manada en un breve silencio.
Sy kalm, groot teenwoordigheid het die trop tot 'n kort stilte verstom.
Entonces el lobo más atrevido saltó hacia él sin dudarlo.
Toe spring die dapperste wolf sonder aarseling reguit op hom af.
Buck atacó rápidamente y rompió el cuello del lobo de un solo golpe.
Buck het vinnig toegeslaan en die wolf se nek in 'n enkele hou gebreek.

Se quedó inmóvil nuevamente mientras el lobo moribundo se retorcía detrás de él.
Hy het weer bewegingloos gestaan terwyl die sterwende wolf agter hom gedraai het.
Tres lobos más atacaron rápidamente, uno tras otro.
Drie verdere wolwe het vinnig aangeval, een na die ander.
Todos retrocedieron sangrando, con la garganta o los hombros destrozados.
Elkeen het bloeiend teruggedeins, hul kele of skouers afgesny.
Eso fue suficiente para que toda la manada se lanzara a una carga salvaje.
Dit was genoeg om die hele trop in 'n wilde stormloop te laat beland.
Se precipitaron juntos, demasiado ansiosos y apiñados para golpear bien.
Hulle het saam ingestorm, te gretig en te druk om goed toe te slaan.
La velocidad y habilidad de Buck le permitieron mantenerse por delante del ataque.
Buck se spoed en vaardigheid het hom toegelaat om voor die aanval te bly.
Giró sobre sus patas traseras, chasqueando y golpeando en todas direcciones.
Hy het op sy agterpote gedraai, geknap en in alle rigtings geslaan.
Para los lobos, esto parecía como si su defensa nunca se abriera ni flaqueara.
Vir die wolwe het dit gelyk asof sy verdediging nooit oopgemaak of gestruikel het nie.
Se giró y atacó tan rápido que no pudieron alcanzarlo.
Hy het omgedraai en so vinnig gekap dat hulle nie agter hom kon kom nie.
Sin embargo, su número le obligó a ceder terreno y retroceder.
Nietemin het hul getalle hom gedwing om terrein te gee en terug te deins.
Pasó junto a la piscina y bajó al lecho rocoso del arroyo.

Hy het verby die poel en af in die rotsagtige spruitbedding beweeg.
Allí se topó con un empinado banco de grava y tierra.
Daar het hy teen 'n steil wal van gruis en grond afgekom.
Se metió en un rincón cortado durante la antigua excavación de los mineros.
Hy het in 'n hoek vasgeval wat tydens die mynwerkers se ou grawery gesny is.
Ahora, protegido por tres lados, Buck se enfrentaba únicamente al lobo frontal.
Nou, beskerm aan drie kante, het Buck net die voorste wolf in die gesig gestaar.
Allí se mantuvo a raya, listo para la siguiente ola de asalto.
Daar het hy op 'n afstand gestaan, gereed vir die volgende vlaag aanvalle.
Buck se mantuvo firme con tanta fiereza que los lobos retrocedieron.
Buck het so fel standgehou dat die wolwe teruggedeins het.
Después de media hora, estaban agotados y visiblemente derrotados.
Na 'n halfuur was hulle uitgeput en sigbaar verslaan.
Sus lenguas colgaban y sus colmillos blancos brillaban a la luz de la luna.
Hul tonge het uitgehang, hul wit slagtande het in die maanlig geglim.
Algunos lobos se tumbaron, con la cabeza levantada y las orejas apuntando hacia Buck.
'n Paar wolwe het gaan lê, koppe opgelig, ore gespits na Buck toe.
Otros permanecieron inmóviles, alertas y observando cada uno de sus movimientos.
Ander het stilgestaan, waaksaam en elke beweging van hom dopgehou.
Algunos se acercaron a la piscina y bebieron agua fría.
'n Paar het na die swembad gedrink en koue water gedrink.
Entonces un lobo gris, largo y delgado, se acercó sigilosamente.

Toe kruip een lang, maer grys wolf saggies vorentoe.
Buck lo reconoció: era el hermano salvaje de antes.
Buck het hom herken—dit was die wilde broer van voorheen.
El lobo gris gimió suavemente y Buck respondió con un gemido.
Die grys wolf het saggies gehuil, en Buck het met 'n gehuil geantwoord.
Se tocaron las narices, en silencio y sin amenaza ni miedo.
Hulle het neuse aangeraak, stilweg en sonder dreigement of vrees.
Luego vino un lobo más viejo, demacrado y lleno de cicatrices por muchas batallas.
Volgende kom 'n ouer wolf, maer en geskend van baie gevegte.
Buck empezó a gruñir, pero se detuvo y olió la nariz del viejo lobo.
Buck het begin grom, maar het gepouseer en aan die ou wolf se neus gesnuif.
El viejo se sentó, levantó la nariz y aulló a la luna.
Die ou een het gaan sit, sy neus opgelig en na die maan gehuil.
El resto de la manada se sentó y se unió al largo aullido.
Die res van die trop het gaan sit en aan die lang gehuil deelgeneem.
Y ahora el llamado llegó a Buck, inconfundible y fuerte.
En nou het die oproep na Buck gekom, onmiskenbaar en sterk.
Se sentó, levantó la cabeza y aulló con los demás.
Hy het gaan sit, sy kop opgelig en saam met die ander gehuil.
Cuando terminaron los aullidos, Buck salió de su refugio rocoso.
Toe die gehuil eindig, het Buck uit sy rotsagtige skuiling gestap.
La manada se cerró a su alrededor, olfateando con amabilidad y cautela.
Die trop het om hom gesluit en vriendelik en versigtig gesnuif.
Entonces los líderes dieron un grito y salieron corriendo hacia el bosque.
Toe het die leiers gegil en die woud ingehardloop.

Los demás lobos los siguieron, aullando a coro, salvajes y rápidos en la noche.
Die ander wolwe het gevolg, gillend in koor, wild en vinnig in die nag.
Buck corrió con ellos, al lado de su hermano salvaje, aullando mientras corría.
Buck het saam met hulle gehardloop, langs sy wilde broer, en gehuil terwyl hy gehardloop het.

Aquí la historia de Buck llega bien a su fin.
Hier doen die storie van Buck goed om tot 'n einde te kom.
En los años siguientes, los Yeehat notaron lobos extraños.
In die jare wat gevolg het, het die Yeehats vreemde wolwe opgemerk.
Algunos tenían la cabeza y el hocico de color marrón y el pecho de color blanco.
Sommige het bruin op hul koppe en snoete gehad, wit op die bors.
Pero aún más temían una figura fantasmal entre los lobos.
Maar nog meer het hulle 'n spookagtige figuur tussen die wolwe gevrees.
Hablaban en susurros del Perro Fantasma, líder de la manada.
Hulle het in fluisteringe van die Spookhond, leier van die trop, gepraat.
Este perro fantasma tenía más astucia que el cazador Yeehat más audaz.
Hierdie Spookhond het meer listigheid gehad as die dapperste Yeehat-jagter.
El perro fantasma robó de los campamentos en pleno invierno y destrozó sus trampas.
Die spookhond het in die diep winter uit kampe gesteel en hul strikke uitmekaar geskeur.
El perro fantasma mató a sus perros y escapó de sus flechas sin dejar rastro.
Die spookhond het hul honde doodgemaak en spoorloos van hul pyle ontsnap.

Incluso sus guerreros más valientes temían enfrentarse a este espíritu salvaje.
Selfs hul dapperste krygers was bang om hierdie wilde gees in die gesig te staar.
No, la historia se vuelve aún más oscura a medida que pasan los años en la naturaleza.
Nee, die verhaal word nog donkerder soos die jare in die wildernis verbygaan.
Algunos cazadores desaparecen y nunca regresan a sus campamentos distantes.
Sommige jagters verdwyn en keer nooit terug na hul verafgeleë kampe nie.
Otros aparecen con la garganta abierta, muertos en la nieve.
Ander word gevind met hul kele oopgeskeur, doodgemaak in die sneeu.
Alrededor de sus cuerpos hay huellas más grandes que las que cualquier lobo podría dejar.
Om hulle liggame is spore—groter as wat enige wolf kan maak.
Cada otoño, los Yeehats siguen el rastro del alce.
Elke herfs volg Yeehats die spoor van die eland.
Pero evitan un valle con el miedo grabado en lo profundo de sus corazones.
Maar hulle vermy een vallei met vrees diep in hul harte gekerf.
Dicen que el valle fue elegido por el Espíritu Maligno para vivir.
Hulle sê die vallei is deur die Bose Gees vir sy tuiste gekies.
Y cuando se cuenta la historia, algunas mujeres lloran junto al fuego.
En wanneer die verhaal vertel word, huil sommige vroue langs die vuur.
Pero en verano, un visitante llega a ese tranquilo valle sagrado.
Maar in die somer kom een besoeker na daardie stil, heilige vallei.
Los Yeehats no saben de él, ni tampoco pueden entenderlo.

Die Yeehats weet nie van hom nie, en hulle kon ook nie verstaan nie.
El lobo es grande, revestido de gloria, como ningún otro de su especie.
Die wolf is 'n groot een, oortrek met glorie, soos geen ander van sy soort nie.
Él solo cruza el bosque verde y entra en el claro.
Hy alleen steek die groen bos oor en betree die woud.
Allí, el polvo dorado de los sacos de piel de alce se filtra en el suelo.
Daar sypel goue stof van elandvelsakke in die grond in.
La hierba y las hojas viejas han ocultado el amarillo al sol.
Gras en ou blare het die geel van die son weggesteek.
Aquí, el lobo permanece en silencio, pensando y recordando.
Hier staan die wolf in stilte, dink en onthou.
Aúlla una vez, largo y triste, antes de darse la vuelta para irse.
Hy huil een keer—lank en treurig—voordat hy omdraai om te gaan.
Pero no siempre está solo en la tierra del frío y la nieve.
Tog is hy nie altyd alleen in die land van koue en sneeu nie.
Cuando las largas noches de invierno descienden sobre los valles inferiores.
Wanneer lang winternagte oor die laer valleie neerdaal.
Cuando los lobos persiguen a la presa a través de la luz de la luna y las heladas.
Wanneer die wolwe wild deur maanlig en ryp volg.
Luego corre a la cabeza del grupo, saltando alto y salvajemente.
Dan hardloop hy voor in die trop, spring hoog en wild.
Su figura se eleva sobre las demás y su garganta está llena de canciones.
Sy gestalte troon bo die ander uit, sy keel lewendig van lied.
Es la canción del mundo más joven, la voz de la manada.
Dit is die lied van die jonger wêreld, die stem van die trop.
Canta mientras corre: fuerte, libre y eternamente salvaje.
Hy sing terwyl hy hardloop—sterk, vry en vir ewig wild.

www.ingramcontent.com/pod-product-compliance
Lightning Source LLC
Chambersburg PA
CBHW010030040426
42333CB00048B/2777